Forum Theologie & Gemeinde
Material zum geistlichen Dienst
Band 27

theologisch kompetent – praktisch relevant

ENTFACHENDE GNADE

Leben und dienen in der Kraft Gottes

von
Johannes Justus

Herausgegeben vom
Forum Theologie & Gemeinde des BFP

Johannes Justus (* 1957) ist Pastor und Präses des Bundes Freikirchlicher Pfingstgemeinden. Als internationaler Sprecher werden besonders seine Kenntnisse über den Heiligen Geist geschätzt. Seine große Leidenschaft ist es, den Aufbau von Kirchengemeinden in unserem Land voranzubringen. Besonders bewegt ihn die Frage, welche Rolle das Wirken des Heiligen Geistes beim Bau von Kirchengemeinden einnimmt.

Mehr Informationen finden Sie unter *www.johannes-justus.de*

2. Auflage 2019

Umschlagbild: perechartreux by © Fotolia
Layout, Umschlaggestaltung u. Realisierung E-Book: admida-Verlagsservice, Erzhausen
Druck: dfn! Fotosatz Nord Druck- und Verlagsgesellschaft mbH, Kiel

ISBN der Printausgabe: 978-3-942001-78-6
ISBN der E-Book-Ausgabe: 978-3-942001-34-2
Bestell-Nr. BUW044

Forum Theologie & Gemeinde (FThG)
Industriestr. 6–8, 64390 Erzhausen
fthg@bfp.de • www.forum-thg.de

Inhalt

Dank

Mein Dank gilt Pastor Albert Stein, Pastor Benjamin Sawadsky, Dr. Rudolf Fichtner und Pastor Daniel Justus für die Unterstützung bei der Entstehung dieses Werkes, meiner Frau Irene Justus, die immer an mich geglaubt hat und den vielen Menschen, die meinen Dienst annahmen, wodurch ich mich entwickeln und wachsen konnte.

Vorwort

Seit vielen Jahren bereise ich verschiedene Orte unseres Landes und auch andere Teile der Welt, um zu Menschen zu sprechen, sie zu ermutigen und zuzurüsten. In der Vergangenheit kam es häufiger vor, dass nach meinen Seminaren, Vorträgen und Predigten Menschen das Gespräch mit mir suchten und mich fragten, wo sie meine Ausführungen nochmals nachlesen oder vertiefen könnten. Das Gehörte lasse sich leider nicht immer in den Gedanken festhalten und verfliege nach einiger Zeit. Daher wäre es gut, wenn es etwas zum Nachlesen gäbe. Leider konnte ich bisher nur auf andere Literatur verweisen, die jedoch viele meiner Lehrinhalte, Beispiele und Erfahrungen nicht enthält. Ohnehin wurde mir in den letzten Jahren vermehrt vermittelt, dass die Lehre über den Heiligen Geist und die Geistesgaben mein Spezialgebiet seien und ich darüber schreiben solle. Nachdem mich schließlich auch das BFP-Präsidium darum bat, mein Wissen und meinen Erfahrungsschatz zu Papier zu bringen, entstand die Idee für dieses Buch.

Bei näheren Überlegungen zur Konzeption wurde mir deutlich, dass es nicht hilfreich wäre, einfach noch ein weiteres Buch zum Heiligen Geist und seinem Wirken zu verfassen, da in der Pfingstbewegung bereits eine Menge Literatur zu dieser Thematik existiert. Es gibt jedoch einen Grundbegriff in der Bibel, der mich mein Leben lang begleitet und meines Erachtens in Bezug auf die Thematik eine zentrale Rolle spielt. Es ist die Gnade Gottes. Mir war es wichtig, mit diesem Buch einen neuen Weg einzuschlagen und von diesem zentralen Begriff auszugehen.

Christen betonen gerne die Machbarkeit des geistlichen Lebens. Meiner Meinung nach liegt aber nicht alles in der Hand des Menschen, denn wir sehen in der Heiligen Schrift, dass es für das geistliche Leben und Wirken die Gnade Gottes braucht. Sie erobert unser Herz und durch sie sind wir als Christen errettet. Sie führt uns in die Selbstannahme. Sie prägt unsere Identität und leitet uns auf dem Weg unserer Bestimmung. Schließlich ist es wiederum die Gnade, die uns zum

Dienst am Anderen ausrüstet. Ihr Wirken ist nicht statisch, sondern sie befähigt uns zum kontinuierlichen Wachstum.

Wenn ich dem Urteil meiner Zuhörer Glauben schenke, ist mir offenbar die Gnade gegeben, über dieses immense Geschenk und deren Kraft zu sprechen. So habe ich hiermit den Versuch unternommen, meinen Beitrag zu einigen viel beleuchteten Themen des Heiligen Geistes zu leisten. Das vorliegende Buch ist ein Aufruf, Gottes Gnade anzunehmen, in ihr zu dienen und durch sie zu wachsen. Schwerpunktmäßig widme ich mich ausgehend von dem Gnadenbegriff den Gnadengaben. Mein Wunsch ist es, meinen Lesern neue Gedanken und Perspektiven zu eröffnen und das Wirken Gottes durch seinen Geist von dem Beigeschmack des Mysteriösen und Rätselhaften zu befreien, der ihm zu Unrecht anhaftet. Ich werbe in der Christenheit seit Jahren darum, dass wir in den natürlichen Dingen geistlich und in den geistlichen Dingen natürlich werden. Auch dazu soll dieses Buch dienen.

Mir ist bewusst, dass viele Gedanken und Themen, die ich darin zur Sprache bringe, bisweilen tieferer Erklärungen bedürfen. Nicht immer ist es mir gelungen, in einem für mich zufriedenstellendem Maße darauf einzugehen. Auch den an sich schon komplexen Gnadenbegriff[1] konnte ich nicht umfassend in diesem Buch erläutern. Es war mir schlichtweg wichtiger, ein Praxiswerk zu erschaffen, das immer wieder zur Hand genommen wird. Daher bitte ich diejenigen Leser um Nachsicht, die eine rein theologische Abhandlung erwartet haben. Beim Schreiben dieses Buches wurde mir deutlich, dass ich mich von einigen Schubladen und starren Kategorien in meinem Denken trennen musste. Grund dafür sind die Veränderungsprozesse, die die Arbeit an diesem Werk in mir ausgelöst hat. Ich bin dankbar dafür und wünsche mir, dass auch meine Leser ein Stück weit Veränderung erfahren und ganz im Sinne von Petrus in der Gnade wachsen (2Petr 3,18).

Hannover, im Frühjahr 2019
Johannes Justus

---

1 Emil Brunner schrieb über die Gnade, dass sie „der Zentralbegriff der christlich-biblischen Gotteserkenntnis“ sei. Emil Brunner in: RGG2 II, 1261.

Teil 1:
Gottes Gnade als Kraftquelle zum Leben

1 Charis – kleines Wort mit großer Bedeutung

1.1 Gnade in heutiger Kultur – bekannt und fremd zugleich

Gnade ist mit Sicherheit einer der meistverwendeten Begriffe im kirchlichen Kontext. In Gottesdiensten wird für *Gottes Gnade* wieder und wieder gebetet und gedankt. Nur durch sie können wir vor Gott bestehen und als fehlbare Menschen benötigen wir sie von Tag zu Tag neu.

So wichtig der Gnadenbegriff einerseits sein mag, so verbraucht und abstrakt ist er auf der anderen Seite. Er wird mittlerweile für alles Mögliche verwendet, was seine eigentliche Bedeutung unklar und unscharf macht. Für viele Christen ist *Gnade eine fromme Worthülse* geworden, die zwar aus dem Gottesdienst wohlbekannt ist und auch in eigenen Gebeten Verwendung findet, allerdings für den Alltag keine sonderliche Bedeutung mehr hat. Mit dazu beitragen mag auch die fehlende gesellschaftliche Relevanz von Gnade, welche kaum noch einen Stellenwert in der gegenwärtigen westlichen Kultur besitzt.

Der Begriff Gnade ist altmodisch geworden und im säkularen Wortschatz immer weniger präsent. Abgesehen von seinem kirchlichen Gebrauch lässt er sich fast nur noch im Rechtswesen wiederfinden oder in veralteten Höflichkeitsfloskeln wie *gnädige Frau*. Dies hängt sicherlich mit unserer aktuellen Lebenswelt zusammen. Der moderne, unabhängige Mensch möchte nichts geschenkt bekommen oder begnadigt werden. Sein Wunsch ist es vielmehr, das zu erhalten, was ihm rechtmäßig zusteht. Geprägt durch unsere demokratische Grundordnung und politischen Liberalismus sind wir es gewohnt, dass die Summe der Individuen von unten nach oben regiert. Der Gedanke daran, von der *Gnade einer Obrigkeit* abhängig zu sein, birgt für den emanzipierten Menschen etwas Negatives in sich. Es ist also nicht verwunderlich, dass der Gnadenbegriff dem heutigen Westeuropäer immer fremder wird.

1.2 Gnade in der griechischen Umwelt zu ntl. Zeit

Der Begriff Gnade (griechisch: *charis*) wird bei Paulus und den anderen Autoren des Neuen Testaments wie auch im umgebenden griechisch-hellenistischen Kontext unterschiedlich verwendet. Das kurze Wort *charis* hat also ein relativ weites Bedeutungsspektrum. Betrachten wir zunächst die Bedeutung von Gnade in der heidnischen Umwelt des Neuen Testaments, damit uns die Unterschiede deutlicher werden. Denn wie auch wir den Einflüssen unserer Umgebungskultur unterliegen, wurde auch das Gnadenverständnis der ntl. Autoren (insbes. Pauli) von ihrem Umfeld geprägt.

In der griechischen Umwelt des Neuen Testaments bezeichnete die *charis* der Götter „ … eine Art Überschuss oder Zugabe."[1] Sie wurde frei und unverdient weitergegeben wie ein Geschenk. Etwas, das schon gut war, konnte durch die *charis* noch verbessert werden. Diese Form der Gnade fand ihren Ausdruck in Anmut, Schönheit und Attraktivität: Die Götter vermochten die irdische Gestalt ansehnlicher wirken zu lassen. Gleichzeitig spielte der inhaltliche Zusammenhang von *charis* mit dem Begriff *chara* „Freude" eine Rolle: Gnade stand demnach vor allem für Dinge, die Freude bereiten. Griechen hielten Schönheit und Anmut für höchstes Glück. Und nichts erfüllt das Herz mehr als etwas Schönes, das man nicht verdient oder erwartet hätte. Diese *charis* der Götter war allerdings unbeständigen Charakters und schon im Leben zerbrechlich. Sie konnte die Sterblichen nur für einen begrenzten Zeitraum beschenken und schwand mit ihrer Schönheit manchmal noch im Leben, spätestens jedoch mit dem Tod. Die Reaktion der Menschen auf die begehrte göttliche Gnade *(charis)* wurde ebenso *charis* genannt. Der Begriff schloss also auch die Antwort ein, die wir in unserer heutigen Sprache mit Dank beschreiben würden. Zusammenfassend lässt sich die Bedeutung von *charis* im griechischen Kontext des NT im Wesentlichen mit Anmut, Schönheit, Geschenk, Gunst und Dank zugleich umschreiben.

---

1 Roth: Gnadenlehre, 197.

1.3 Gnade in den Evangelien

Wie im Folgenden sichtbar werden wird, umfasst Gnade im Neuen Testament mehr als die oben genannten Bedeutungen. Und auch wenn sie den Begriff nicht selbst geprägt haben, scheinen die Verfasser (insbesondere Paulus selbst) eine regelrechte Neudefinition dieses Begriffes vorgenommen zu haben.

Im Neuen Testament kommt der Begriff *Gnade (charis)* besonders häufig in den paulinischen Briefen und in Schriften seines Wirkungskreises (Lk, Apg) vor, weniger jedoch in den Evangelien: Jesus selbst spricht vielmehr von der *Barmherzigkeit*. Die Gnade Gottes wird allerdings durch seine Gleichnisse und Handlungen deutlich sicht- und erfahrbar. Ein bekanntes Beispiel dafür bildet der Bericht über die Ehebrecherin im Johannesevangelium (7,53–8,11):

In diesem Abschnitt wird von einer Frau berichtet, die in flagranti beim Ehebruch ertappt worden ist. Die Schriftgelehrten zerren sie zu Jesus, damit er ein Urteil über sie spricht. Mit dieser Forderung nach seinem Rechtspruch erhoffen sie sich eine ideale Gelegenheit, um einen Anklagepunkt gegen Jesus zu finden, denn schließlich ist er für seinen gnädigen Umgang mit Sündern bekannt. Die Gelehrten sind überzeugt, dass seine Barmherzigkeit ihn dazu verleiten werde, der Torah zu widersprechen: Diese fordere nämlich, dass ein Ehebrecher und eine Ehebrecherin nicht am Leben bleiben sollen (3Mo 20,10). In dieser Szene fehlt allerdings der männliche Protagonist, der ja offensichtlich Teil der ehebrecherischen Handlung gewesen sein muss. Jesus durchschaut ihre Hinterlist jedoch und geht auf ihre einseitige Forderung nicht ein: Weder handelt er wider die Torah, indem er die Frau freispricht, noch fällt er selbst das Urteil über die Ehebrecherin. Stattdessen wählt er einen dritten Weg. Er bewegt die Zuschauer zur Selbstreflexion, indem er ihnen die berühmten Worte entgegnet: „Wer unter euch ohne Sünde ist, der werfe den ersten Stein auf sie." (Joh 8,7) Dadurch werden die Anwesenden mit der Tatsache konfrontiert, dass sie alle selbst schuldig geworden sind und grundsätzlich auch die Stelle der Frau als Angeklagte einnehmen könnten. Mit dieser

Erkenntnis verlassen die Umstehenden den Ort des Geschehens. Zuerst gehen die Alten, die vielleicht weiser und einsichtiger sind, danach aber auch alle anderen. Diese Geste ist gleichbedeutend mit einem Schuldeingeständnis. Der Kirchenvater Augustinus hat die Pointe dieser Erzählung treffend zusammengefasst: „Nur zwei blieben zurück, die Erbarmenswerte und die Barmherzigkeit."[2] Am Ende verurteilt Jesus die Frau so wenig wie die anderen Schuldigen. Er fordert sie nicht einmal zur Buße auf, was manch einem Glaubenden in der Kirchengeschichte Mühe bereitet haben mag. Sie solle lediglich künftig ein heiliges Leben führen.

In diesem Bericht des Evangelisten Johannes wird Jesu Barmherzigkeit und Gnade offenbar. Dabei steht jedoch nicht nur die Frau im Mittelpunkt seines gütigen Handelns: Jesus bewahrt die Umstehenden vor einer falschen Tat und verurteilt auch sie nicht für ihre Schuld. Er bringt sie dazu, über ihr eigenes Leben und ihre Taten nachzudenken und erweist ihnen damit ebenso seine Gnade.

Was mich an dieser Geschichte besonders beeindruckt, ist die Vorgehensweise Jesu, die ich für vorbildlich und nachahmenswert halte: Anders als die meisten Menschen gebraucht der Sohn Gottes offenbar nicht die Schuld der jeweiligen Personen, um sie gefügig zu machen. Er fällt auch kein voreiliges Urteil. Gerade in diesem Punkt habe ich in der Vergangenheit oft versagt. Wenn die Sachlage meiner Ansicht nach klar war, erlag ich immer wieder der Versuchung, meine Erkenntnis allen Beteiligten vorschnell kundzutun. Jesus, wie er in den Evangelien beschrieben wird, hält stattdessen erst einmal inne und nimmt sich die nötige Zeit, um die Gesamtlage zu betrachten und einzuschätzen. Sein Urteil fällt weder parteiisch noch unparteiisch aus. Er hat alle Beteiligten im Blick. Wir können hier von Jesus lernen. Uns wird es zwar ohnehin nie ganz gelingen, völlig objektiv zu sein, denn eine vollkommene Neutralität lässt sich nicht herstellen. Aber es ist zumindest möglich, dass wir wie Jesus handeln und uns in alle Beteiligten hineinversetzen.

---

[2] Augustinus: Des heiligen Kirchenvaters Aurelius Augustinus Vorträge über das Evangelium des hl. Johannes, 111.

1.4 Gnade bei Paulus

Die Gnade Gottes spielt im Leben wie auch in den Schriften des Apostels Paulus eine sehr bedeutende Rolle. In den Jahren vor seiner Bekehrung glaubt er, sich durch seine Leistung selbst einen Wert geben zu können – eine Denkweise, die uns vielleicht nicht fremd ist. Vormals Saulus von Tarsus genannt, wird er durch seinen Eifer nach Gottes Anerkennung zum Christenverfolger. Er merkt nicht, dass ihn sein Wunsch, sich bei dem Gott Israels auszuzeichnen, zu dessen Feind macht. Als Jesu Stimme ihn beim Namen ruft (Apg 9,4f.), erkennt er, was er getan hat. Doch bleibt die Strafe für sein Handeln aus. Stattdessen wird er zum Apostel berufen, sodass er feststellen muss: „Ich bin nicht wert, Apostel genannt zu werden, weil ich die Kirche Gottes verfolgt habe. Doch durch *Gottes Gnade* bin ich, was ich bin." (1Kor 15,9f.)

Paulus erfährt Gottes Gnade persönlich und intensiv. Durch seinen Werdegang vom gesetztestreuen Juden und gebildeten Schriftgelehrten zum Apostel und bedeutenden Theologen entfaltet sich in ihm ein besonderes Gnadenverständnis.

Die *charis*, wie sie sich bei Paulus darstellt, bedeutet mehr als nur eine Form der Barmherzigkeit, wie wir im Folgenden noch sehen werden. Paulus ist so ergriffen von Gottes Handeln an ihm und den Menschen, dass er seine eigene Geschichte (Röm 1,5; 1Kor 15,10; Gal 1,15; 1Tim 1,13f.) und sogar die gesamte Bestimmung der Menschheit unter dem Begriff der Gnade zusammenfasst (Röm 3,21-24): „Alle" in der verlorenen und von Gott getrennten Schöpfung erhalten Zugang zu Gott durch seine einmalige Gnadentat am Kreuz. In Jesus ist uns Gottes Gnade offenbart und gegeben worden. Er trägt sie in unsere Welt, erhält sie und schenkt sie. Daher wird die *charis* bei Paulus auch hin und wieder als „Gnade Christi" bezeichnet (z. B. 1Thess 5,28; 2Kor 8,9; 13,13).

Dieses Gnadenhandeln Gottes will ich nun in den Einzelaspekten, die Paulus beschreibt, näher erläutern.

Die eigentliche Bestimmung des Menschen

Am Ausgang und Ziel von Gottes Gnadenhandeln mit uns Menschen steht unsere ursprüngliche Bestimmung. Meiner Meinung nach liegt diese Berufung zuallererst in der Liebe. Das ist eine Behauptung, die dem einen oder anderen möglicherweise zu kurz oder zu schlicht erscheinen mag. Ich möchte jedoch im Folgenden darlegen, warum ich das glaube: Der Mensch wurde als Ebenbild Gottes erschaffen (1Mo 1,26f.; 5,1; 9,6; Kol 3,10; Jak 3,9). Dabei ist diese Ebenbildlichkeit nicht einfach nur eine Eigenschaft, die jeder besitzt, sondern eine Art Bestimmung. Es war für den Menschen von Anfang an vorgesehen und auch möglich, in der Liebe Gottes zu wandeln und erfüllt von ihr mit den Mitmenschen und der Schöpfung zu leben. Dieses Potential wurde in den Menschen hineingelegt und jeder von uns besitzt es auch heute noch zu einem gewissen Grad. Zwar gab es in Vergangenheit in der Christenheit vielfach die Meinung, dass die Gottesebenbildlichkeit in dem Auftrag liege, über die Schöpfung zu herrschen (1Mo 1,26).[3] Möglicherweise sind auch gegenwärtig noch viele dieser Überzeugung. Aber wenn wir die Bibel an der Stelle genauer betrachten, stellen wir fest, dass der Herrschaftsauftrag eher eine Konsequenz ist, die aus der Ebenbildlichkeit *erwächst*. Das bedeutet jedoch nicht, dass die Gottesebendbildlichkeit *identisch* ist mit dem Herrschaftsauftrag. Vielmehr muss der Auftrag zur Herrschaft in der Ebenbildlichkeit zu Gott gesehen werden.

Es ist für den Menschen vorgesehen, die Herrschaft dem liebenden himmlischen Vater ähnlich auszuführen. Gott und sein Sohn Jesus Christus sind Schöpfer und Erhalter dieser Erde (Kol 1,17), nicht Ausbeuter und Unterwerfer. Daher liegt die Bestimmung des Menschen auf Erden darin, dass er Gottes Liebe weitergibt. Zudem ist dem Menschen nicht nur der Auftrag zur Herrschaft gegeben. 1Mo 2,15 berichtet, dass

[3] Während in der außerbiblischen Tradition der König auf Grund seines königlichen Amtes „Bild Gottes" ist, kommt in der biblischen Schöpfungserzählung diese Würde und diese Aufgabe allen Menschen unterschiedslos zu. Die Vorstellung wird hier geradezu „demokratisiert": nicht auf Grund besonderer Leistungen oder Aufgaben, sondern als Menschen sind sie königliche Bilder Gottes.

Gott den Menschen in den Garten Eden setzte und ihn beauftragte, diesen zu bebauen und zu bewahren oder ihn zu erhalten und zu bewachen. Doch diese Aufgabe gelingt dem Menschen leider nur noch teilweise. Menschen, die diese Bestimmung erkennen, gehen anders mit der Schöpfung um. Folgendes Sprichwort aus unserem Volksmund kommt nicht von ungefähr: „Wenn sich ein Bauer bekehrt, merkt es auch sein Vieh im Stall." Leider hat die freikirchliche Landschaft in Deutschland dieses Thema bisher nicht sonderlich im Auge gehabt.

Ich wünschte mir, dass wir unsere Verantwortung und Rolle als Freund der Schöpfung wiederentdecken. Denn das steht fest: Unsere Bestimmung als Ebenbild Gottes gilt der Liebe zum Menschen – doch genauso auch der Fürsorge für die Welt, in der wir leben!

Trennung von Gott und Zielverfehlung

In Gottes gutem Plan für seine ganze Schöpfung hinein bricht die Auflehnung des Menschen gegen Gott. Diese Zusammenhänge möchte ich nun näher beleuchten:

Der Schöpfer gebot Adam und Eva im Garten Eden, nicht vom Baum der Erkenntnis von Gut und Böse zu essen. Mit dem Verbot teilte Gott ihnen auch bereits die Konsequenzen mit, die sie im Falle eines Verstoßes ereilen würden: Sie müssten „des Todes sterben" (1Mo 2,17). Dabei ging es ihm nicht darum, ihnen die Erkenntnis von Gut und Böse vorzuenthalten, sondern er wollte sie vor dem Tod und der Trennung von ihrem Schöpfer bewahren. Denn anders als die Tiere hatte Gott den Menschen als sein Gegenüber geschaffen, mit dem er sich fortan Beziehung wünschte. Um echte Beziehung und Liebe zu ermöglichen, musste er dem Menschen jedoch auch die Freiheit geben, sich zu entscheiden. Da aber auch Freiheit sinnvolle Grenzen erfordert, damit Leben und Liebe ermöglicht und bewahrt werden können, musste Gott Adam und Eva sein gutes Gebot mitteilen. Die Menschen hatten jedoch immer die Wahl, zu dieser Richtlinie Nein zu sagen. Allerdings bedeutete ein Nein auch ein Nein zu dem, der die Grenzen gesetzt hatte, nämlich zu Gott; ein Nein zu Gott wiederum aber auch ein Nein zu dem Leben, das er gegeben hatte.

Wir kennen den Ausgang des Geschehens: Allem zum Trotz lehnten sich die ersten Menschen gegen die gute Grenze Gottes auf und handelten ungehorsam. Der Tod, vor dem ihr Schöpfer sie gewarnt hatte, trat allerdings nicht unmittelbar nach dem Sündenfall ein. Dabei sagte Gott ihnen nicht, dass sie eines Tages sterben oder bei der Überschreitung seiner Grenzen sterblich würden. Dies war kein Versehen Gottes. Die hier verwendete hebräische Formulierung ist typisch für Drohungen in prophetischen und narrativen Texten (1Sam 14,39; 1Kön 2,37; 2Kön 1,4).

Eine Parallelstelle in 1Kön 2,36-46 zeigt die Bedeutung unseres Ausdrucks. Das Urteil ist gefällt, die Vollstreckung wird kommen, wenn auch nicht am selben Tag. Der Tod tritt zwar nicht sofort ein, ist aber unabwendbar. Zu dem leiblichen Tod erhielt der Tod nun einen „Stachel" (1Kor 15,55). Der natürliche Tod, der zu einem späteren Zeitpunkt eintrat, wurde aufgrund des Ungehorsams des Menschen gegenüber Gottes Grenze vergiftet und führte damit zu einem „zweiten Tod" (Offb 2,11), welcher die ewige Trennung von Gott ist (Offb 20,6).

Aktiv an dieser folgenreichen Übertretung des Menschen beteiligt war die Schlange. Sie verführte Adam und Eva zu diesem Schritt (1Mo 3,1-6): Im Gespräch mit der ersten Frau stellte sie zunächst das Gebot Gottes als übertriebene Forderung dar – als ob Gott gesagt hätte, man dürfe von *keiner* Frucht im Garten essen. Ihr Anliegen wird dem Leser schnell klar: Sie wollte Gottes Grenze infrage stellen. Eva berief sich zwar auf die Anweisung Gottes, aber ließ sich dennoch auf einen Dialog mit der Schlange und ihre Anzweifelung der Integrität des Schöpfers ein. Der Behauptung der Schlange zufolge war Gottes Neid der Grund für sein Verbot. Ihm gehe es nur darum, dass der Mensch nicht Gott gleich werde. Am Ende erreichte sie ihr Ziel: Adam und Eva zweifelten schließlich an Gottes guter Absicht und übertraten das erste Gebot Gottes, indem sie von der Frucht aßen.

Dies war der erste Versuch des Menschen, Gott gleich zu sein. Seitdem hat er dieses Streben nicht mehr abgelegt – bis zum heutigen

Tag. Auch der moderne Mensch träumt stets davon, sein eigener Herr zu sein. Er versucht, autonom zu leben und strebt nach Selbstverwirklichung. Das mag nicht in jeder Hinsicht schlecht sein. Und doch glaube ich, dass wir als Geschöpfe in unserer Weisheit begrenzt sind; dass es jemanden gibt, der unser Leben in gute Bahnen lenken kann, die wir aus eigener Kraft nicht zu erkennen vermögen. So sehr der Mensch nach uneingeschränkter Selbstwirksamkeit strebt, so sehnt er sich nach der Unsterblichkeit. Ich habe den Eindruck, dass dieser Wunsch in den letzten Jahren in der westlichen Gesellschaft noch zugenommen hat. Der Tod wird aus dem Leben verdrängt und ganze Industriezweige schlagen aus dieser Verleugnung Profit. Mittlerweile widmen sich sogar Technologie- und Internetkonzerne diesem Thema und suchen einen Weg, um den Menschen Gott gleich zu machen, indem sie danach streben, die Sterblichkeit des Menschen weit hinauszuzögern.

Mit der Übertretung Gottes guter Gebote fand also eine Entfremdung des Menschen statt, deren Auswirkung bis heute anhält. Der Mensch lebt in Sünde, also getrennt und in Unabhängigkeit von Gott, statt in Beziehung mit ihm. Dies ist ein Dasein, für das er ursprünglich nicht bestimmt war. Es verfehlt das eigentliche Ziel und die eigentliche Bestimmung, die Gott für den Menschen hatte. Leben in Sünde heißt also nicht einfach, dass der Mensch nun immer wieder schuldhafte Übertretungen begeht, auch wenn unser Sprachgebrauch diese Vermutung nahelegt.[4] Das Wort Sünde wird also fälschlicherweise mit dem Wort Schuld gleichgesetzt. Mit Sünde ist nach biblischem Verständnis nicht einfach Schuld oder ein rebellisches Auflehnen gegen Gott gemeint, dem Konsequenzen folgen müssen. Die Bedeutung von Sünde ist umfassender, sie steht für eine ganzheitliche *Zielverfehlung*: Der Mensch verpasst den Weg und die Bestimmung, die Gott für ihn vorgesehen hat.

Doch warum ist diese Unterscheidung so wichtig? Gottes Hinweis auf die Sünde will uns nicht vorhalten, dass wir immer wieder versagen und wir uns anstrengen sollen, endlich alles richtig zu machen.

---

4 Wenn wir von schuldhaften Übertretungen des Menschen sprechen, dann gebrauchen wir oft das Wort *Sünde*.

Er möchte uns sagen: „Meine Kinder, ihr geht an dem eigentlichen großen Ziel vorbei, für das ich euch geschaffen habe. Diese Ziel ist die Liebe."

Konsequenz der Trennung

Im Römerbrief erklärt der Apostel Paulus ausführlich, dass die eine Zielverfehlung des ersten Menschen Konsequenzen für die gesamte Menschheit nach sich zieht. Es wird deutlich, dass infolgedessen die gesamte Menschheit der Sünde anheimgefallen ist (Röm 5,12):

> *Deshalb, wie durch einen Menschen die Sünde in die Welt gekommen ist und der Tod durch die Sünde, so ist der Tod zu allen Menschen durchgedrungen, weil sie alle gesündigt haben.*

Mit dieser Formulierung meint Paulus jedoch nicht die sündhaften Taten jedes Einzelnen, die er irgendwann begehen wird. Er spricht von einem abgeschlossenen Vorgang in der Vergangenheit. Durch die eine Sünde des ersten Menschen sind alle zu Sündern geworden. Dieser Gedanke wird im folgenden Abschnitt nochmals von Paulus bestätigt (Röm 5,13-19). Besonders klar äußert er sich in Vers 18, wo es heißt: „Wie nun durch die Sünde des Einen die Verdammnis über alle Menschen gekommen ist …"

Die Sünde, von der Paulus hier spricht, dürfen wir nicht als eine Art Substanz betrachten, die an alle menschlichen Nachkommen vererbt worden ist. Sie ist vielmehr als eine Macht zu verstehen, die im Inneren des Menschen herrscht und von dort aus ihr Gift verbreitet. Durch sie besteht (verursacht durch die erste Sünde Adams und Evas) ein Zustand der Entfremdung von Gott, in den jeder Mensch hineingeboren wird. Daher sind in Gottes Augen zunächst einmal alle Menschen von ihm getrennt und Sünder. Natürlich bleiben sie seine Geschöpfe, die er liebt und sucht. Aber sie sind noch nicht Kinder Gottes, da sie noch getrennt von ihm leben.

Die Sünde ist der Grund für den menschlichen Unfrieden, für Zerwürfnisse, Ungerechtigkeit und Lieblosigkeit. Diese negativen Folgen begleiten die Menschheit von Anbeginn. Bei aller Bildung, bei allem

Fortschritt und bei allen wissenschaftlichen Erkenntnissen ist es keiner Generation gelungen, diese Kräfte aus der Welt zu schaffen. Ein Blick in die Tageszeitung oder die Nachrichten reicht aus, um zu zeigen, dass die Macht der Sünde eine Realität ist, die uns in dieser Welt immer wieder begegnen wird. Dieser Zustand, in dem die Menschheit nun existiert, besitzt nicht nur im Leben auf Erden eine zerstörerische Kraft. Wie bereits erwähnt, hat die Sünde auch einen erheblichen Einfluss auf den Tod, der dadurch einen zusätzlichen Stachel (1Kor 15,55) erhält: Der Mensch bleibt auch über den irdischen Tod hinaus getrennt von Gott.

Versöhnung durch die Gnade

Aus diesem scheinbar ausweglosen Dilemma hat Gott einen Ausweg geschaffen. Er wandte sich seinen Geschöpfen erneut zu und sandte seinen Sohn, um das Hindernis auszuräumen. Jesus von Nazareth wurde Mensch, um die Macht der Sünde zu durchbrechen. Durch seinen Tod am Kreuz ist der Menschheit die größte Gnade zuteil geworden, die erfahrbar ist. Sie begegnet uns in den Briefen von Paulus als Übermacht über die Sünde, und will für alle Menschen auf heilsame Weise wirksam werden (Röm 5,15; Tit 2,11). Dementsprechend ist die Gnade Gottes auch nicht zeitlich begrenzt auf das diesseitige Leben und vergänglich, wie in der heidnischen Umwelt des Apostels Paulus. Im Gegenteil: Sie bewirkt das ewige Leben bereits in der Gegenwart (Tit 3,7). Damit diese Gnade Realität im Leben des Menschen werden kann, ist die Umkehr des Einzelnen zu einem Leben mit Gott nötig (Mt 3,2). In unseren (pfingstlichen) Kreisen sprechen wir auch von der *Bekehrung*, wenn von einer solchen Umkehr die Rede ist. Jesus Christus wird aktiv im Leben eines Menschen und zu seiner verändernden Lebensrealität. Der Bekehrte schlägt nun andere Wege in seinem Leben ein. Er handelt nicht mehr so wie früher. Von sich aus würde er das nicht tun, allerdings befindet er sich nun in einer engen Gemeinschaft mit dem lebendigen Gott und die eigenen Ziele und Denkmuster wandeln sich.

Die Folge dieser Bekehrung ist die Wiedergeburt (Joh 3,3-7). Sie lässt sich verstehen als die zweite Seite der Medaille: Die eine ist also die

Bekehrung, die andere die Wiedergeburt. Der Christ hat nun faktisch ein neues Leben. In der Bibel werden die Glaubenden auch als „neue Schöpfung" bezeichnet (Gal 6,15; 2 Kor 5,17). Natürlich ist der Mensch durch diese Geschehnisse nicht bereits sündlos und schon am Ziel angelangt. Doch obwohl er sich noch nicht in seiner Endgestalt befindet (1Joh 3,2), ist er allerdings auch nicht mehr unter der Macht der Sünde (Röm 8,9). Julius Schniewind hat diese Spannung in ein Wortspiel gefasst: „Noch ist der Christ nicht vollkommenes Kind Gottes, aber er ist vollkommen Gottes Kind."[5]

Diese Gnade ist von ihrem Wesen her durch und durch bedingungslos Sie lässt sich nicht verdienen oder erarbeiten (Röm 3,24; 4,4; 11,6; Tit 3,5). Der souveräne und mächtige Gott gibt sie dem Menschen als ein freies Geschenk (Eph 2,8f.):

> *Denn aus Gnade seid ihr gerettet durch Glauben, und das nicht aus euch: Gottes Gabe ist es, nicht aus Werken, damit sich nicht jemand rühme.*

Insofern du dieses Gnadengeschenk noch nicht für dich persönlich angenommen hast, kann ich dir nur dazu raten. Solltest du – wie wohl die meisten Leser dieses Buches – bereits Gottes Gnade erfahren haben, dann hoffe ich, dass ich dir durch meine Ausführungen einen guten Überblick über die Tragweite dieses Geschenkes geben konnte.

1.5 Fazit

Zusammenfassend lässt sich also sagen, dass Gnade eine liebevolle und freie Zuwendung Gottes an die Menschheit darstellt. Er schuldet uns zwar nichts und ist auch nicht in irgendeiner Form von uns abhängig. Dennoch will er seinen Weg mit den Menschen gehen und für sie da sein. Seine Gnade ist unerschöpflich und nicht von zeitlicher Begrenzung. Dieses schenkende Entgegenkommen Gottes, das unsere menschliche Gegenwart und Zukunft verändert, ist Gnade im eigentlichen neutestamentlichen Sinne.

5 Schniewind: Das biblische Wort von der Bekehrung, 22.

Ich möchte dazu ein Beispiel aus meiner Familie erzählen: Meine Frau Irene und ich haben uns vor einigen Jahren entschieden, einen jungen Mann als unseren Sohn aufzunehmen. Er hat sich das nicht bei uns erarbeitet, sondern wir haben uns dafür entschieden, genau wie er. Nun gehört er zu unserer Familie. Seine Kinder sind auch unsere Enkelkinder und werden auch wie unsere eigenen Nachkommen behandelt und geliebt, obwohl sie offensichtlich anderer Herkunft sind. Ähnlich geht es uns als Kinder Gottes: Wir wurden ohne unser Zutun zu Miterben Christi. Er hat uns geliebt und angenommen. So kommen wir in den Genuss der Gnade Gottes.

Damit ist zunächst die wesentliche Bedeutung von Gnade erläutert. Das bisher Dargelegte deckt zwar noch nicht das gesamte Bedeutungsspektrum von Gnade im Neuen Testament ab. Ich werde jedoch in den folgenden Abschnitten dieses Buches nach und nach weitere Aspekte des biblischen Gnadenbegriffs beleuchten, sodass dieser immer klarer hervortritt.

? Fragen zur persönlichen Reflexion

1. Gnade ist mehr als eine Form von Barmherzigkeit. Mit welcher Bedeutung hast du in der Vergangenheit den Begriff Gnade gefüllt?
2. Gnade ist bedingungslos, aber sie wird auch nicht aufgezwungen. Damit sie Realität in unserem Leben wird, müssen wir sie annehmen. Hast du diese Gnade bereits für dich angenommen?
3. Es wurde über die eigentliche Bestimmung des Menschen berichtet, in der Liebe Gottes zu wandeln und diese an die Mitmenschen und die Schöpfung weiterzugeben. Wo kommt diese Bestimmung in deinem Leben zur Geltung?

2 Gnade, die befähigt

2.1 Lass dir an meiner Gnade genügen

Die Gnade, die Gott uns schenkt und die uns zu einer Neuschöpfung in Jesus Christus und zu Gottes Kindern macht, ist nicht einfach nur ein passiver Status, den wir von nun an besitzen. Sie wird in den Gläubigen wirksam. Paulus berichtet uns, dass sie sich in seinem Leben als befähigende Macht und Kraft niederschlug.

Im zweiten Korintherbrief (12,9) steht ein sehr bekannter Abschnitt, der gerne als Trost weitergegeben wird, wenn Menschen sich in einer Phase der Schwäche und des Zerbruchs befinden. Beim Zitieren dieses Verses übersieht man leicht, von welcher Kraft hier eigentlich die Rede ist:

> *Er hat zu mir gesagt: Lass dir an meiner Gnade genügen; denn meine Kraft vollendet sich in der Schwachheit. Darum will ich mich am allerliebsten rühmen meiner Schwachheit, auf dass die Kraft Christi bei mir wohne.*

Ähnlich wie bei Hiob ließ der Herr dem Feind auch im Leben von Paulus einen Wirkungsraum. Die Angriffe, denen der Apostel ausgesetzt war, fügten ihm Qualen und Schmerzen zu. Es gibt verschiedene Hypothesen, worin dieses Leid bestanden haben könnte, allerdings ist keine von ihnen wirklich gesichert. Paulus ersuchte den Herrn dreimal, ihn von seinem Leid zu erlösen. Und Gott erhörte sein Gebet und antwortete ihm. Allerdings tat er nicht das, worum der Apostel ihn eigentlich gebeten hatte. Stattdessen gab er ihm zu verstehen, dass diese Angriffe bestehen bleiben würden und Paulus nicht mehr benötige als seine Gnade.

Mit Gottes Gnade hatte Paulus also schon alles, um in seiner Situation zu bestehen. Er brauchte nichts Zusätzliches mehr, denn Gnade zeigt ihre Kraft, wenn die Mittel des Menschen erschöpft sind. Mehr noch: Sie wird *vollendet* in der menschlichen Schwäche. In den Phasen, in denen wir feststellen müssen, dass uns die Stärke und die Fähigkeiten fehlen, den Herausforderungen des Lebens zu begegnen, wirkt die Gnade Gottes besonders als überwindende Kraft. Diese Erkenntnis brachte Paulus zu dem Entschluss, sich künftig seine eigene Schwäche und Unzulänglichkeit einzugestehen, um dadurch von Gottes Gnade bzw. Kraft umso mehr zu profitieren. Er wandte seinen Blick weg von seinen Schwächen auf Gottes Möglichkeiten. Der Apostel kann uns auch hierin ein Vorbild sein. Unsere eigenen Unfähigkeiten verleiten uns oftmals dazu, uns damit zu beschäftigen, was wir nicht können, statt mit dem Wesentlichen. Die Gnade Gottes hilft uns, unseren Fokus zu verändern und uns den wichtigeren Dingen zuzuwenden.

Ich möchte dazu ein persönliches Beispiel erzählen: Seit vielen Jahren leide ich unter diversen Allergien. Trotz ausgiebigen Fastens und Betens bin ich von meinen Leiden nicht geheilt worden. Ich werde häufig gebeten, nach meinen Predigtdiensten noch vor Ort zu bleiben, um mit Menschen zu beten, ihnen die Hände aufzulegen und sie zu segnen. Dabei erlebe ich immer wieder, dass einige Kranke nach meinen Gebeten Heilung erfahren. Ich selbst habe bisher jedoch keine Linderung meiner Beschwerden erlebt. Das wird womöglich auch so bleiben, denn ich leide unter Allergien, die fast nur in der europäischen Vegetation zutage treten. Da meine Vorfahren Deutschland vor fast drei Jahrhunderten verließen, ist mein Immunsystem vermutlich nicht mehr auf die hiesige Pflanzenwelt eingestellt.

Früher bin ich des Öfteren in Zweifel geraten, ob es nicht besser wäre, mit dem Gebet für Kranke aufzuhören. Sollte ich nicht erst einmal selbst genesen, bevor ich bei jemand anderem anfinge? Zudem haben in der Vergangenheit immer wieder Menschen, die ich nicht um Rat gefragt hatte, gemutmaßt, es sei womöglich in meinem Leben etwas nicht in Ordnung. Verborgene Sünde im Privaten könne sehr wohl der Grund sein, dass ich nicht von meinen Leiden erlöst würde. Diese Form von Ratschlägen sind für mich auch eine Art Schläge gewesen.

Mittlerweile glaube ich fest daran, dass Gott sich von uns nicht vorschreiben lässt, wie er zu handeln hat. Er wirkt souverän und besonders in und durch Phasen der persönlichen Schwachheit. Dennoch stellen wir in solchen Zeiten gerne die Frage nach dem *Warum*. Aus meiner Sicht ist die Ermittlung von Gründen jedoch wenig erfolgversprechend, denn sie ist rückwärtsgewandt. Der Mensch sucht nach Schuld und Erklärungen. Geeigneter scheint mir in solchen Situationen die Frage nach dem *Wozu*, denn Herausforderungen und Prüfungen haben zumeist einen Sinn und können uns dienen. Die Frage nach dem *Wozu* ist somit nach vorne gerichtet und zielführend. In Jakobus 1,2-4 wird uns erklärt, wozu derartige Prüfungen gut sind: Sie geschehen, damit wir persönlich wachsen und an Reife zunehmen.

Paulus´ Worte in 2Kor 12,9 haben mich gelehrt, meine Gefühle nicht zum Maß aller Dinge zu machen, denn wenn es um die Kraft und Gnade Gottes geht, sind sie nicht immer sonderlich hilfreich: Unsere Emotionen mögen echt sein. Aber sie können uns auf die falsche Fährte bringen, denn sie sind ein Produkt unserer Lebenserfahrungen und unserer Gedanken. Wenn wir unser Denken verändern und neue Erfahrungen machen, werden sich auch die Gefühle ändern.

Doch wie kann das geschehen? Als Menschen neigen wir dazu, auf unseren eigenen Zustand zu schauen. Wir stellen uns die Frage, ob wir überhaupt würdig sind, Gott zu dienen. Wenn wir dabei unseren Blick auf unsere Schwächen und Verfehlungen richten statt auf Jesus Christus, werden wir uns wahrscheinlich fühlen, als wären wir nicht gut genug. Das ist allerdings kein Grund, sich nicht in den Dienst für unseren Herrn zu begeben, denn gerade in unserer persönlichen Unzulänglichkeit kommt die Gnade Gottes zum Wirken. Es wäre ein Fehler, sich aufgrund der eigenen negativen Selbstsicht zurückzuziehen. Wir beobachten an zahlreichen Stellen im Neuen Testament, dass die Befähigung folgt, wenn Gott jemanden mit seinem Heiligen Geist erfüllt und aussendet (z. B. Apg 2,1-4).

2.2 Durch Gottes Gnade bin ich, was ich bin

Betrachten wir nun erneut die Stelle aus 1Kor 15,10, die ich im ersten Kapitel bereits kurz angesprochen habe. Bei näherem Hinsehen wird deutlich, dass der Apostel Paulus Gnade auch hier als eine befähigende Kraft verstand. So schrieb er:

> *Aber durch Gottes Gnade bin ich, was ich bin. Und seine Gnade an mir ist nicht vergeblich gewesen, sondern ich habe viel mehr gearbeitet als sie alle; nicht aber ich, sondern Gottes Gnade, die mit mir ist.*

Paulus musste hier erneut feststellen, dass er sich für seine Entwicklung nicht selber loben konnte – und dies, obwohl er sich mehr als jeder andere Apostel abgemüht und vollmächtig für seinen Herrn gewirkt hatte: In seinem Dienst bereiste er die damalige Welt und predigte die Botschaft vom Reich Gottes vielen seiner Zeitgenossen. Er gründete neue Gemeinden, schlichtete Streitigkeiten, lehrte, tröstete und ermutigte viele Glaubensgeschwister. Sein Einfluss innerhalb der ersten Christenheit ist nicht von der Hand zu weisen. Heute sagen Historiker ihm nach, er habe als erster Theologe die europäische Geistesgeschichte maßgeblich mitgeprägt. Doch Paulus selbst betonte, dass nicht er für diese großen Taten verantwortlich war, sondern die Gnade Gottes, die mit ihm war. Die befähigende Kraft, die zu seinen Leistungen geführt hatte, war nicht seine eigene, sondern die Wirksamkeit der Gnade Gottes. Paulus war der festen Überzeugung, dass er diesen Weg aus eigenem Vermögen weder hätte einschlagen noch erfolgreich durchlaufen können. Auch seine Biographie schien in den Augen des Apostels nicht die ausschlaggebende Basis gewesen zu sein, um zu solch einer prägenden Persönlichkeit zu werden. Er berichtete in Gal 1,15, dass seine Berufung allein auf Gottes Gnade zurückzuführen sei (Vgl. auch 2Kor 3,5). Nur so konnte er vom entschiedenen Christenverfolger zum Christusnachfolger werden und seine segensreichen Dienste verrichten.

Oft habe ich selbst in meinem Dienst daran gedacht, wie viel ich der Gnade Gottes verdanke und wie wenig meine früheren Voraussetzungen günstig schienen, als dass Gottes Plan für mich hätte

Wirklichkeit werden können: Ich kam in einem kleinen Ort in Kasachstan zur Welt und wuchs dort als eins von insgesamt elf Kindern auf. Meine Mutter hatte insgesamt 16 Schwangerschaften, von denen zwei nicht glücklich endeten. Drei meiner anderen Geschwister starben bereits im Säuglingsalter. Eine medizinische Versorgung, wie wir sie heute kennen, gab es für uns nicht. Meine Eltern verfügten weder über Reichtümer, noch hatten sie als Deutsche in der Sowjetunion die Möglichkeit, viel Bildung zu genießen. Alles in allem verlief ihr Leben sehr hart und beschwerlich. Mein Vater war ein gottesfürchtiger Mann und ein Prediger, was mir in meinen jungen Jahren zwar viel Segen einbrachte, aber meine Kindheit auch unheimlich belastete. Der Glaube an einen Gott widersprach der kommunistischen Staatsideologie und dies führte dazu, dass Christen in der Sowjetunion schikaniert, ausgegrenzt, misshandelt und ermordet wurden. Als Kinder waren meine Geschwister und ich in der Schule immer wieder Demütigungen ausgesetzt. Die Lehrer wiegelten die anderen Schüler gegen uns auf, stellten uns manches Mal auch selbst vor der Klasse bloß oder schüchterten uns anderweitig ein.

Die Diskriminierungen, die ich in meiner Kindheit erfahren habe, waren nicht immer einfach zu verarbeiten. Es kam immer wieder vor, dass ich mich selbst verteidigen oder auch für andere kämpfen musste. Ein Gutes hatte es: Ich lernte, mutig zu sein und mich für die Schwächeren einzusetzen.

Mein Vater hat sicherlich nicht alles bei meiner Erziehung richtig gemacht. Aber ich bin ihm für vieles sehr dankbar – besonders dafür, dass er mich lehrte, Gott zu lieben und mich an die Heilige Schrift zu halten. Ich las viel in der Bibel und gab mein Leben schon früh an Jesus Christus. Dementsprechend hielt auch die Verfolgung aufgrund meines Glaubens bis ins Erwachsenenalter an. Obwohl ich die wissenschaftliche Disziplin der Apologetik[6] nicht kannte, wurde ich dennoch zu einer Art Verteidiger der christlichen Lehre. Ich las verschiedene

[6] Als „Apologetik" wird die „Verteidigung der christlichen Wahrheit" bezeichnet. Hauck/Schwinge: Theologisches Fach- und Fremdwörterbuch, 21.

Werke philosophischer Literatur und sprach gerne auf einem intellektuellen Niveau über den Glauben. Während meiner Berufsausbildung lernte ich einen jungen Mann kennen, dem ich viel von Jesus erzählte. Er öffnete sich für Gott und den christlichen Glauben. Leider wurde er bald in die Rote Armee einberufen und dort von den anderen Soldaten aufgrund seines Bekenntnisses zu Christus getötet. Man stach ihm in die Augen, schnitt ihm die Zunge heraus und erhängte ihn. Das sind Erinnerungen, die mich noch immer sehr schmerzen.

Nach meiner Ausbildung zum Diplom-Mechatroniker wurde schließlich auch ich in die Rote Armee einberufen. Bei meiner Musterung fiel den Offizieren auf, dass ich kein Parteimitglied war und prompt kam es zu einer Konfrontation. Meine Antwort auf ihr Warum fiel schlicht aus: „Ich bin Christ", teilte ich ihnen mit. Sie erwiderten, dass mein Glaube bei der Armee aus mir herausgeprügelt werden würde. Ihre Drohung erfüllte sich letztendlich nicht. Obwohl ich immer wieder kritisch beäugt wurde und mir einige Belehrungen anhören musste, verließ ich die Rote Armee nach zwei Jahren ohne größere Feindseligkeiten. Doch der Druck, dem ich als bekennender Christ bei der Armee ausgesetzt war, lastete stets auf mir.

Mit meiner Frau und unseren sechs eigenen Kindern wanderte ich im November 1988 nach Deutschland aus. Es war ein großer Schritt für uns als Familie. Wir kamen mit fast leeren Händen an. Es gab nicht viel, was wir aus Kasachstan mitnehmen durften. Wir mussten eine neue Sprache lernen und in einer fremden Kultur an einem fremden Ort heimisch werden. Deutsche in der Sowjetunion wurden anders sozialisiert als hierzulande, sodass es einige Zeit brauchte, bis wir innerlich ganz hier angekommen waren. Trotz meiner Bemühungen, ein Teil der einheimischen Bevölkerung zu werden, blieb ich in den Augen vieler ein Ausländer und werde wahrscheinlich bis zum heutigen Tag noch als solcher angesehen.

Ende der 90er Jahre folgte ich dem Ruf Gottes, Pastor zu werden, dem ich bis dahin konsequent ausgewichen war, und begann nebenberuflich eine theologische Ausbildung. Aufgrund persönlicher Ängste hatte ich es mir eigentlich nie vorstellen können, in den Gemeindedienst zu gehen, doch Gott verfolgte offenbar andere Pläne. Meine erste Pastorenstelle, die ich im Jahr 2000 in Nienburg an der Weser antrat, ließ sich mit 33 Mitgliedern nicht gerade als sicherer und lukrativer Arbeitsplatz bezeichnen. Die Kirchengemeinde organisierte sich selbstständig und ihr standen keine größeren Ressourcen von außerhalb zur Verfügung. Als Vater von sechs Kindern war dieser Schritt für mich mehr als ein Wagnis. Aber Gott belohnt die Menschen, die sich im Vertrauen auf ihn in die Ungewissheit aufmachen. So wird auch Abraham gerne als Glaubensheld bezeichnet. Wodurch aber zeichnete sich seine heroische Tat aus? Sie bestand darin, dass er im Vertrauen auf Gott einen Weg zu einem anderen Ort einschlug, der ihm völlig fremd war (Hebr 11,8). Wie Abraham so hat sich Gott auch mir als treu erwiesen. Noch heute schaue ich gerne auf die gesegnete Zeit in Nienburg zurück. Im Jahr 2009 wechselte ich zu einer größeren Kirchengemeinde in die Landeshauptstadt Hannover.

Nach zwölf Jahren der pastoralen Tätigkeit wurde ich 2012 auf der 117. Bundeskonferenz zum Präses des Bundes Freikirchlicher Pfingstgemeinden gewählt. Was hier nach einem ruhmreichen Moment klingt, ähnelte leider eher einem Debakel. Ich erhielt nicht einmal 52 % der Stimmen der Bundesversammlung von Pastoren und Leitern aus den einzelnen Kirchengemeinden. Dies war alles andere als ein klares Mandat. Meine Gefühle und mein gesunder Menschenverstand rieten mir, diese Wahl auf keinen Fall anzunehmen, denn das Ergebnis ließ sich nicht als eindeutige Berufung durch die Versammlung bezeichnen. Demgegenüber lehrten mich aber meine Werte, dem Rat meiner Leiter zu folgen: Unser Altpräses Ingolf Ellßel teilte mir mit, er habe den Eindruck, ich solle die Wahl annehmen. Gott werde die Dienstzeit segnen. Denselben Wunsch äußerten die Brüder des alten Vorstands. So nahm ich dieses Amt doch an. Der Dienst als Präses war für mich eine Herausforderung, die anfangs auch durch das schlechte Wahlergebnis belastet wurde. Aber der neue Vorstand stand geschlossen hinter mir und war ein starker Rückhalt für mich. Nachdem ich meine ersten fünf

Dienstjahre als Präses zusammen mit meinem starken Team vollendet hatte, kam es im Herbst 2017 erneut zur Wahl durch die Bundesversammlung. Dieses Mal erhielt ich ein deutliches Mandat von meinen Brüdern und Schwestern. Als ich 35 Jahre zuvor als junger Baptist das erste Mal eine Pfingstgemeinde betrat, hätte ich nicht zu träumen gewagt, welche Wege mir der Herr zukünftig bereiten würde.

Doch warum schreibe ich das alles? Es ist ganz und gar nicht meine Absicht, meine Person oder meinen Lebensweg besonders hervorzuheben. Wie eingangs bereits angedeutet, möchte ich damit nur verdeutlichen, dass auch in meinem Leben die Gnade Gottes reichlich gewirkt hat. Mit Paulus zusammen kann ich sagen „durch Gottes Gnade bin ich, was ich bin." Die Grundvoraussetzungen, um eine einflussreiche Persönlichkeit in diesem Land zu werden, waren bei mir denkbar schlecht. Meine Eltern durchlebten Hungersnöte und Gefangenschaften. Sie lehrten mich nicht, groß zu träumen oder dergleichen. Aber schon von Kind auf hatte ich das Gefühl, dass Gott immer bei mir war. Ich wusste, dass er mir Gelingen schenken würde, wenn ich nach seinem Willen handeln würde. Dies hat sich in meinem Leben immer wieder bestätigt.

Ich glaube, dass unsere Biographie nur eine bedingte Rolle spielt, wenn es darum geht, Gott von Nutzen zu sein. Seine Gnade ist in der Lage, uns zu dem Werk zu befähigen, zu dem er uns berufen und bestimmt hat. Wir können uns nicht alle Gegebenheiten im Leben aussuchen. Für viele Umstände sind wir selbst verantwortlich. Es gibt aber Dinge, die ungeplant passieren. Manchmal sind wir nicht in der Lage zu verhindern, was *an uns* geschieht, jedoch können wir beeinflussen, was *in uns* geschieht.

Wenn wir auf unseren Lebenslauf schauen, was hierzulande durchaus gängige Praxis ist, sind wir womöglich schnell versucht, unsere Eignung in Frage zu stellen. Davon rate ich zunächst einmal ab. Es ist nicht immer sinnvoll, auf seine Vergangenheit zu schauen. Ein weiterer Fehler, den wir als Menschen gerne begehen, ist, uns selbst an anderen zu messen. Von dem Philosophen Sören Kierkegaard stammt das berühmte Zitat „Alle Not kommt vom Vergleichen." Es mag manchmal seinen Sinn haben, sich die Gaben und Leistungen der anderen vor Augen zu halten, um sich selbst richtig einzuschätzen. Allerdings neigen wir dazu, Äpfel mit Birnen zu vergleichen. Als menschliche Wesen sind wir nicht in der Lage, die Lebensrealität, Herkunft, Sozialisation, Ressourcen usw. unserer Mitmenschen hinreichend zu überblicken. Insofern können wir auch nicht wirklich gute Vergleiche anzustellen. Jeder von uns ist ein Unikat mit seiner eigenen Geschichte. Daher ist eine einfache Gegenüberstellung keinesfalls sinnvoll – vor allem dann nicht, wenn wir anfangen zu werten. Das dürfen wir dem überlassen, der dazu in der Lage ist, in alle Winkel und Ecken unseres Werdens und gegenwärtigen Lebens zu schauen. Vergleiche erzeugen Wettbewerb und Konkurrenzdenken. Im Eifer um die Lorbeeren wird es immer vermeintliche Verlierer geben. Dabei sind Menschen häufig weder schlechter noch besser, sondern lediglich unterschiedlich.

Die Bibel spricht deutlich darüber, dass vor Gott alle Menschen gleich sind (2Chr 19,7; Röm 2,11; Jak 2,1-9). Diese Aussagen stehen in einem gerichtlichen Kontext und es wird deutlich, dass der Schöpfer in seiner Beurteilung von uns Menschen keine Unterschiede macht. Unser Justizsystem lobt sich, ebenfalls so zu urteilen. Die römische Göttin Justitia gilt als Symbol für Gerechtigkeit und schmückt viele deutsche Gerichtssäle und Rathäuser. Ihre Augen sind verbunden, während sie die Waage in der Hand hält. So wie sie ist auch unser Rechtssystem blind, wenn es um die Person geht. Aber während Justitia nur die nackte Sachlage beurteilen kann, blickt Gott tiefer. „Ein Mensch sieht, was vor Augen ist; der HERR aber sieht das Herz an." (1Sam 16,7) Der Schöpfer berücksichtigt alle Details unseres Lebens und unserer Seele. In Gottes Augen sind wir also nicht nur alle gleich wertvoll und geliebt, sondern wir dürfen uns auch darauf verlassen, dass sein Urteil über uns stets gerecht ausfallen wird. Gleichzeitig können wir darauf bauen, dass er nur Gutes für uns bereithält. Er will uns nicht „zugrunde richten", sondern aufrichten. Seine Gnade ist für alle ausreichend vorhanden und er wünscht sich, dass ihre Kraft in unserem Leben wirksam wird. Seine Gnade ist bedingungslos, aber sie bleibt nicht folgenlos.

Im Leben mancher ist die Gnade sichtbarer als in dem anderer, denn einige Menschen scheinen sie mehr in Anspruch zu nehmen als andere. Die Gründe mögen unterschiedlich sein, doch weiß ich, dass es bei dem einen oder anderen an dem Glauben liegt, etwas leisten zu müssen. Ich persönlich hatte in der Vergangenheit selbst Mühe damit, Geschenke anzunehmen. Aus irgendeinem Grund war ich der Überzeugung, ich müsse sie eines Tages zurückgeben oder eine Ersatzleistung für sie erbringen. Wie ich in dem zwischenmenschlichen Bereich meines Lebens dachte, ging es mir auch im Bezug auf den Glauben: Es fiel mir schwer, die Gnade Gottes als Geschenk mit all ihren Wirkungen anzunehmen. Der ein oder andere Leser mag sich vielleicht ähnlich fühlen.

Ich glaube allerdings, dass uns kleine Kinder hierin einen Weg weisen können: Am Weihnachtsfest unserer Familie beobachte ich gern unsere Enkel. Oft wissen sie bereits im Vorfeld, was sie bekommen werden. Doch wenn sie die gewünschten Geschenke erhalten, sind ihre Augen voller Begeisterung und sie nehmen sie ohne Bedenken an. Ich habe auch in meinem geistlichen Leben gelernt, wie ein Kind zu werden (Mt 18,3) und Gottes Gnade anzunehmen.

Die Gnade Gottes ist für jeden Menschen zur Genüge vorhanden, aber es gibt doch eine beträchtliche Zahl an Gläubigen, die sie nicht zur Wirksamkeit kommen lässt. Ich bin der Überzeugung, dass die göttliche Befähigung nicht zu ihrer vollen Entfaltung im Leben eines Menschen kommen kann, solange dieser in einer passiven Haltung verharrt. Es ist an uns, die Gnade Gottes zu umarmen und zuzulassen. Wie das möglich ist, erkläre ich im folgenden Teil.

? Fragen zur persönlichen Reflexion

1. Gottes Gnade bleibt nicht wirkungslos an uns, doch kann das Vergangene leicht in Vergessenheit geraten. Wo war Gottes Gnade in deinem Leben formend und befähigend?
2. Ist die befähigende Gnade Gottes bei dir zur Geltung gekommen? Wenn nicht: Was könnte die Ursache dafür sein?
3. Lies 2Tim 2,1. Könnte die Aufforderung des Paulus an seinen Schüler auch eine Aufforderung an dich sein?

Teil 2: Gottes Gnade annehmen

3 Das Maß der Gnade

Während ich dieses Buch verfasse, besteht meine Haupttätigkeit darin, in der Pfingstbewegung in Deutschland den Vorsitz zu führen. Außerdem füllen Besuche bei Gemeinden und theologischen Ausbildungsstätten in Deutschland und vielen anderen Ländern meine Agenda. Ich begleite und berate Leiter und Gemeinden in verschiedenen Fragestellungen und Prozessen. Mein Aufgabenspektrum ist komplex. Häufig fühle ich mich sehr herausgefordert, aber alles in allem nehme ich diesen Lebensabschnitt dankbar aus Gottes Hand. Da der Dienst als Präses zeitlich begrenzt ist, wird mir häufiger die Frage gestellt, welche Pläne ich für die Zukunft habe.
Ich kann diese Frage leider nicht beantworten, was viele meiner Gesprächspartner verwundert. Meines Erachtens liegt diese Entscheidung jedoch nicht allein bei mir. Denn nur weil ich einer Tätigkeit gerne nachgehe oder Erfahrung darin habe, bedeutet das nicht, dass mir der Herr auch die nötige Gnade dafür gibt. Für diesen Lebensabschnitt und meine gegenwärtigen Aufgaben habe ich von Gott alles Nötige empfangen, um die damit verbundenen Herausforderungen zu meistern. Wenn die Zeit vorüber ist, erhalte ich vom Herrn neue Aufträge, die er vorbereitet. Mir fällt auf, dass derartige Gedanken den meisten Christen nicht neu sind. Dennoch wirken sie auf einige von uns möglicherweise befremdlich, denn warum sollten wir in Zukunft nicht wieder etwas tun, worin wir uns schon auskennen? Warum noch einmal Neuland betreten? Wieso etwas aufgeben, was funktioniert?

3.1 Ein Mensch kann sich nichts nehmen

Aufgeben und Gnade – das beides scheint auf den ersten Blick nicht zusammenzupassen. Oder doch? Ich habe bereits von meiner Überzeugung geschrieben, dass Gott Menschen trotz widrigster Umstände mit seiner Gnade zum Dienst befähigt. Eine solche Sichtweise ist uns Christen möglicherweise vertrauter. Doch Gottes Gnade kann nicht nur im Ausharren und Festhalten, sondern gerade auch im Aufgeben, im Loslassen wirksam werden. Die entscheidende Frage ist: Wohin führt Gottes Weg? Ich glaube also, dass es genauso wichtig ist, zum richtigen Zeitpunkt loszulassen, wenn dieser gekommen ist. Andernfalls stehen wir in der Gefahr, eine neue Entwicklung zu blockieren. Leider erlebe ich öfter, dass Menschen nicht nur den weiteren Fortschritt behindern, sondern auch so lange am Bestehenden festhalten, bis selbst das Übrige vollständig zerbrochen ist. Es werden unzählige Versuche unternommen, alten Wein in neue Schläuche zu gießen. Doch wir wissen von unserem Herrn, dass dies keine gute Idee ist.

Sicher, Loslassen ist nicht immer einfach. Oft verleiht uns die bisherige Tätigkeit auch eine gewisse Identität. Diese geht womöglich auf dem Weg zu neuen Ufern verloren. Das Bekannte und Vertraute aufgeben bedeutet eventuell auch, sich auf Unsicherheiten einzulassen und Einfluss zu verlieren. Mit dem Alter wird es immer schwerer, loszulassen und das Neue zu umarmen, denn einen alten Baum verpflanzt man bekanntlich nicht. Aber das Leben befindet sich in einem permanenten Fluss und unsere Rollen wandeln sich ständig. Das gilt auch innerhalb der Familie: In den reifen Jahren meines Lebens hat sich meine Rolle als Vater gegenüber meinen Kindern sehr verändert. Ich bin ihr Freund geworden. Es wäre seltsam für mich, mit ihnen so zu reden und meine Forderungen zu stellen wie früher. Wenn ich das täte, hätten sie wahrscheinlich weniger Umgang mit mir. Ich helfe, wo ich kann und gebe hin und wieder einen Rat weiter, wenn ich gefragt werde.

Ein biblisches Beispiel dafür, wie wir gesund loslassen und Gottes Gnade für uns und andere freisetzen können, findet sich bei Mose und Josua. Josua begleitete Mose, lernte von ihm, erfuhr in dieser gemeinsamen Zeit Gott auf eine besondere Weise und erkannte, was Israel Gott zu verdanken hatte. Schließlich wurde ihm das Amt seines Lehrers übertragen. Leider tat Josua es Mose nicht gleich. Er fand keinen Nachfolger und die Auswirkungen waren verheerend. Dem Geschlecht, welches Josuas Generation folgte, war der Gott Israels fremd und sie verließen ihn (Ri 2,7-13). Wir können aus dieser Geschichte lernen und die Zeit nach uns im Blick behalten. Wir wollen nicht nur Macher, sondern auch Weichensteller für andere sein. Vor allem aber wollen wir rechtzeitig den Staffelstab aus der Hand geben, wenn die Zeit dafür gekommen ist.

Dass Menschen nicht zum richtigen Zeitpunkt loslassen, ist nicht nur deshalb problematisch, weil sie damit eventuell weitere Entwicklungen blockieren. Oft stehen sie sich dadurch auch selbst im Wege. Gewiss sind in der Regel diejenigen im Leben erfolgreich, die hartnäckig und ausdauernd bleiben und sich nicht von ihren Zielen abbringen lassen. Doch gibt es auch eine gesunde Form der Kapitulation, wenn die gesteckten Ziele unrealistisch sind und nicht den Erfolg bringen, den man sich von ihnen versprochen hat.

Gerade für uns als Gläubige eröffnet sich darüber hinaus noch eine andere Perspektive, warum Aufgeben manchmal der bessere Weg sein kann: Die Schrift lehrt uns, dass der Erfolg unseres Handelns nicht einfach nur durch die klassischen Faktoren wie Ausdauer, Begabung und Leidensbereitschaft bestimmt wird, sondern letztendlich von einem weiteren, entscheidenden Faktor abhängt: Betrachten wir dazu einige Abschnitte des Neuen Testaments. Im Johannesevangelium 3,22 beginnt ein Bericht über den Konflikt zwischen den Nachfolgern Jesu und denen Johannes des Täufers. Verstört von Jesu Handeln suchen die Johannesjünger ihren Meister auf. Es folgt eine Unterhaltung, in der sie ihm erzählen, sie hätten beobachtet, dass Jesus in derselben Region taufe wie auch ihr Meister, sich dessen Taufe jedoch in mancher Hinsicht von dem Zeremoniell Jesu unterscheide. Vielleicht praktizierte die Gemeinschaft des Johannes zusätzliche Reinigungsriten, die von Jesus nicht angewendet wurden – die genaue Sachlage ist uns unbekannt. Fest steht, dass die Johannesjünger diese abweichenden Praktiken Jesu und seinen missionarischen Erfolg offenbar als eine fragwürdige Konkurrenz in derselben Region ansahen. Der Text vermittelt zumindest das Gefühl, dass in ihrer Frage ein gewisser Neid mitschwingt:

Und sie kamen zu Johannes und sprachen zu ihm: Rabbi, der bei dir war jenseits des Jordans, von dem du Zeugnis gegeben hast, siehe, der tauft, und alle kommen zu ihm. (3,26)

Johannes antwortet ihnen darauf in Vers 27 etwas Grundsätzliches:

Ein Mensch kann nichts nehmen, wenn es ihm nicht vom Himmel gegeben ist.

Der Meister verdeutlicht seinen Anhängern damit, dass Jesu Erfolg auf Gottes Wirken zurückzuführen ist. Der andere Rabbi hätte aus sich selbst heraus nicht die Kraft, so viele Menschen zu sich ziehen, wenn ihm nicht Macht von oben gegeben wäre.

Die Aussage des Täufers lehrt auch uns, dass geistliches Leben sich nicht beliebig produzieren lässt. Gottes Reich wird zwar immer wieder in seiner Kirche gegenwärtig, geht aber nie ganz in ihre Hände über, denn es ist sein Reich. Es ist und bleibt abhängig von ihm und seiner Gnade (vgl. auch Joh 15,5).

Zwar dürfen wir Misserfolge und Rückschläge nicht immer auf ein Fehlen von Gottes Gunst zurückführen: Denn solange wir in dieser Welt sind, bleiben wir auch ihren Widrigkeiten ausgesetzt und es gibt noch zahlreiche andere Gründe für Misserfolg. Aber bei alledem gilt dennoch der bereits erwähnte Grundsatz, dass ein Mensch sich nichts nehmen kann, wenn es ihm nicht vom Himmel gegeben ist (Joh 3,27). Manch einer wird sich in diesem Zusammenhang vielleicht auch an das alte deutsche Sprichwort erinnern, das lautet: „An Gottes Segen ist alles gelegen." Diese Volksweisheit ist wahrscheinlich aus der Interpretation von Psalm 127 hervorgegangen. Sie beschreibt, dass alles menschliche Mühen vergeblich bleibt, wenn Gott nicht mitwirkt (Ps 127,1f.). Wie alt und bekannt das Sprichwort auch sein mag, es scheint dennoch immer wieder in Vergessenheit zu geraten. Ich habe jedoch schon viele Male davon profitiert, denn es erinnert mich zum einen daran, dass wir nicht auf uns allein gestellt sind – was mich erleichtert; andererseits hilft es mir, wachsam zu sein und zu prüfen, ob ich Gottes Befähigung in dem Dienst spüre, den ich gerade tue. Denn ansonsten wäre es klüger, die Wege zu verlassen, auf denen Gott nicht mit mir und durch mich wirkt. Wenn er nicht mit mir ist, arbeite ich vergeblich. Ein Werk, das Gott nicht segnet, wird mühsam und belastend. Es fehlt die nötige Gnade.

Sicherlich möchte sich niemand ohne Gottes befähigende Gnade bei seinem Werk aufreiben. Doch wie erkennen wir den richtigen Zeitpunkt zum Loslassen? Diese Frage wird mir häufig gestellt. Ich denke, dass es sich mit unserer Rolle im Leben und unserer Bildung so verhält wie mit dem Lebensfluss selbst: Unsere Umgebung ist in einem permanenten Wandel, deshalb sollte unsere Rolle auch nie statisch werden und unsere Bildung nie abgeschlossen sein. Und wenn ich von Bildung spreche, meine ich nicht Ausbildung im Sinne von einer Anpassung an einen vorgegebenen Markt. Es geht also nicht darum, durch eine Schulung mit seinen Fähigkeiten auf ein bestimmtes Wirkungsfeld zugeschnitten zu werden, sondern darum, sich permanent und ganzheitlich weiterzubilden und fortzuentwickeln. Eine Person, die sich diesem Prozess stellt und sich vom Heiligen Geist leiten lässt, wird den richtigen Zeitpunkt erkennen und bereitstehen für die nächste Aufgabe, die der Herr ihr schenkt.

Als ich jünger war, träumte ich davon, mit 60 Jahren kein Pastor mehr zu sein, sondern stattdessen Gemeinden zu gründen. Ich schmiedete Pläne für meine Zukunft. Blaise Pascal soll einst gesagt haben: „Wenn du Gott zum Lachen bringen willst, erzähle ihm von deinen Plänen." Vermutlich habe ich meinem Schöpfer auch das eine oder andere Lächeln entlockt, denn er wollte es anders: Vor einigen Jahren ist mir die Gnade zuteil geworden, Mentor und Förderer von jungen Männern zu sein. Ich habe diesen Wirkungsraum aus Gottes Hand genommen. Meine geistlichen Söhne sind es nun, die die Gemeinden gründen. Als Mentor und Ratgeber stehe ich natürlich nun nicht mehr so im Vordergrund und sie ernten die Lorbeeren. Darüber bin ich nicht traurig. Denn schließlich geht es nicht um meine Person, sondern um das Werk Jesu Christi – und mein Traum, Gemeinden zu gründen hat sich damit doch erfüllt, wenn auch auf eine andere Weise.

3.2 Vielgestaltige Gnade

Es ist gut, wenn Menschen in dem dienen, was ihnen gegeben worden ist und mit der Erkenntnis, dass sich ein Mensch darüber hinaus nichts nehmen kann, widmen wir uns nun wieder dem Gnadenbegriff. Bei einem weiteren Blick ins Neue Testament fällt auf, dass die befähigende Gnade, die wir betrachtet haben, nicht immer von der gleichen Art ist. Sie existiert in vielen Ausformungen. Paulus wurde z. B. nach seinen eigenen Aussagen eine besondere Gnade verliehen. So legitimiert er seine Anweisungen an die Römer mit eben dieser ihm gegebenen Gnade (Röm 12,3), die er auch an anderer Stelle wieder erwähnt (1Kor 3,10; Gal 2,9, Eph 3,7).

Zudem spricht der Apostel darüber, dass der Herr jedem ein gewisses *Maß* der Gnade zuteilt. Daher rühmt er sich – anders als seine Gegner – nicht ins Uferlose, sondern nach diesem ihm zugeteilten Maß (2Kor 10,13-15). In Röm 12,3 ermahnt Paulus deshalb auch die Glaubenden, nicht höher von sich zu denken, als es sich gebührt und bei dem Maß zu bleiben, das Gott einem jeden gegeben hat. Ähnlich und etwas deutlicher schreibt Paulus in Eph 4,7:

> *Aber jeder von uns empfing die Gnade in dem Maß, wie Christus sie ihm geschenkt hat.*

Der gemeindliche Kontext lässt deutlich erkennen, dass hier von einer Gnade die Rede ist, die dem Aufbau der Gemeinde dient (und offensichtlich nicht von der Erlösungsgnade). In Vers 11 kommt Paulus schließlich auf die verschiedenen Ämter zu sprechen, die wir zu einem späteren Zeitpunkt noch behandeln werden. Aus meiner Sicht lässt sich das bestimmte Maß der Gnade nicht allein auf diese Personengruppe beschränken, sondern in Vers 7 wird die gesamte Christenheit angesprochen. Jedem der Glaubenden ist ein bestimmter Anteil an der Gnade gegeben. Die Aufgabe der Ämter besteht nun darin, diesen Anteil in den Geschwistern zu entfalten, sodass er wirksam werden kann.

Doch was genau meint Paulus, wenn er von diesem „Maß der Gnade" spricht? Die Annahme, es handle sich hierbei um ein bestimmtes Gabenspektrum (i. S. v. Charismen), ist meines Erachtens zu kurz gegriffen, denn der Begriff Charismen taucht in dem ganzen Brief nicht auf. Daher würden wir dem Text hier Unrecht tun, wenn wir ihn bloß auf die Gaben reduzierten. Die Gaben, auf die wir im späteren Teil dieses Buches detailliert zu sprechen kommen werden, sind auch eher als Werkzeuge zu verstehen. Dahingegen umfasst die Gnade weit mehr. Sie ist, wie ich in Kap. 2 dargelegt habe, eine besondere Befähigung, eine Kraft, welche die Gestalt des Menschen prägt und den Aussagen Pauli zufolge aber jedem Gläubigen unterschiedlich verliehen wird. Ähnliches berichtet uns auch Petrus, wenn er von der „vielfältigen" Gnade spricht (1 Petr 4,10).

> *Dient einander als gute Verwalter der vielfältigen Gnade Gottes, jeder mit der Gabe, die er empfangen hat!*

Gottes Gnade ist laut Petrus nicht uniform oder eintönig, sondern zeigt sich bei jedem Menschen verschiedenartig.[9] Nicht jedem Glaubenden wird dieselbe Gnade zugemessen.

Was ich hier anhand der Bibel darlege, werden wohl die meisten auch bereits in ihrem Umfeld oder im eigenen Leben beobachtet haben. Die Wirkungskreise, Einflussgebiete, Verantwortungsbereiche und Begabungsprofile der Glaubenden sind sehr unterschiedlich. Dies ist an sich sinnvoll und unproblematisch, wenn wir Menschen nicht zum Werten neigen würden. Das Große, das Besondere oder die Superlative haben uns immer schon fasziniert. So scheinen auch manche Gnadenerweise sehr besonders und bedeutsam zu sein, während andere eher uninteressant und belanglos wirken. Zumeist ist gerade das interessant und begehrenswert, was ich nicht habe, während das Eigene bereits seinen Reiz verloren hat. Wenn meine Enkelkinder ein Spielzeug in ihren Händen halten, das eigentlich intakt ist und ihnen Freude bereitet, sind sie so lange damit zufrieden, bis sie eins ihrer Geschwister mit einem vermeintlich besseren Spielzeug sehen, das sie nicht haben. In Kürze entwickelt sich ein besonderer Gerechtigkeitssinn und die

[9] Gnade lässt sich auch als „bunt" wiedergeben, denn das Wort *poikilos,* das Petrus hier verwendet, heißt auch „vielfarbig".

Forderungen lassen nicht lange auf sich warten. Als Erwachsene mögen wir über dieses Verhalten schmunzeln, aber letztlich sind wir den Kindern doch sehr ähnlich: Wir entwerten das Eigene, weil wir glauben, das der Anderen sei wertvoller.

Regelmäßig werden mir Fragen dazu gestellt, warum Gott seine Gnade so unterschiedlich zuteilt. „Haben sich andere vielleicht etwas bei Gott verdient oder erarbeitet?" „Genießen einige etwa gewisse Privilegien?" „Ist Gott unfair?" Meine Antwort auf diese Fragen fällt in der Regel kurz und einfach aus: Gott teilt unterschiedlich zu, weil wir Menschen unterschiedlich sind. Jeder ist auf seine Weise individuell und einzigartig in seiner Sozialisation, seiner Biographie, seinem Habitus und den jeweiligen Lebensumständen.

Zwar besitzen alle Menschen eine Gabe, welche nicht geistlicher Natur ist: Es ist die Fähigkeit, alles zu erlernen und sich den Einflüssen der Umwelt anzupassen. Das gilt gewiss vor allem für Kinder. Bei Erwachsenen sieht dies allerdings etwas anders aus. Natürlich ist es auch im fortgeschrittenen Alter möglich, noch sehr viel zu erlernen, aber nicht immer sind die nötigen Ressourcen dafür gegeben. Das Zeitbudget fällt zumeist knapper aus und es kommen oft noch weitere erschwerende Faktoren wie die soziale Verantwortung für Familie und Angehörige, finanzielle Herausforderungen und fehlende Motivation dazu. Bei alledem gilt es zu beachten, dass die bloßen Fähigkeiten auf einem Gebiet nicht immer ausreichen, um erfolgreich zu sein. Selbst wenn jemand theologisch sehr geschult ist, bedeutet es nicht, dass er belastbar, kommunikativ, und überzeugend ist. Doch genau diese Eigenschaften werden z. B. für eine leitende Tätigkeit im kirchlichen Bereich benötigt. Ich möchte damit sagen, dass der Mensch zwar alles erlernen kann, aber nur in bestimmten Zeitfenstern und bis zu einem gewissen Grad. So würden manche Aufgaben einige Personen schlicht überfordern, obwohl sie die dafür nötigen Fähigkeiten möglicherweise sogar besitzen. Hinzu kommt, dass ein gewisses Maß der Gnade auch neue Umstände mit sich bringt, die zu bewältigen sind. Mehr Verantwortung birgt u. a. mehr

Konflikte, höhere zeitliche Belastung und somit auch mehr Stress. Auch für diese Umstände gilt es, gewappnet zu sein.

Manch ein Seemann möchte gerne zum Kapitän aufsteigen, allerdings fordert dieser Berufsstand vielfältige Fähigkeiten und Kenntnisse. Anders als ein Schiffsmechaniker ist der Kommandant eines Schiffes nicht nur für wenige Bereiche zuständig, sondern er muss das Gesamte überblicken und trägt dafür Verantwortung. Sein Wissen beschränkt sich nicht nur auf den Schiffsverkehr. Er sollte zum Beispiel auch in juristischen Fragen versiert sein. In der Schifffahrt gibt es außerdem auch Unterschiede in der Größe der Wasserfahrzeuge. Mit zunehmendem Format wachsen auch die Verantwortung, die Belastung und die notwendigen Kenntnisgebiete. Wenn ein Schiffsmechaniker auf See ist und alles reibungslos verläuft, mag er eventuell zu dem Schluss kommen, er könne mit der eigenen Erfahrung die Position des Kapitäns ersetzen. Sollte er tatsächlich den Posten seines Kommandanten übernehmen dürfen, was wenig wahrscheinlich ist, würde sich bei der betreffenden Person angesichts der unverhofften Schwierigkeiten schnell Ernüchterung ausbreiten.

So abwegig ein solcher Fall von Selbstüberschätzung in der Schifffahrt erscheinen mag, so gängig ist dieses Phänomen allerdings in der Gemeinde Jesu Christi: Begnadete Brüder und Schwestern bauen über Jahre zusammen ihre Kirchengemeinde oder eine regionale Arbeit auf. Der Erfolg ist wahrscheinlich zunächst darauf zurückzuführen, dass Gott dem Leiter dieser Arbeit eine besondere Gnade gegeben hat und ihn segnet. Unter seinen Mitarbeitern befinden sich aber einige, die der Überzeugung sind, dass dieses Gelingen maßgeblich auf ihre Kompetenz zurückzuführen sei. Irgendwann naht der Tag, an dem die leitende Person ihren Autoritätsbereich räumen muss. Häufig mag es daran liegen, dass aufgrund von Alter oder Lebensumständen die Zeit für einen Wechsel gekommen ist. Nicht selten wird ein Leiter aber auch von seinem Team oder einzelnen Mitarbeitern verdrängt. Möglicherweise haben Zwistigkeiten und persönliche Enttäuschungen die Beziehungen erschöpft und nun soll eine neue Teamkonstellation

Abhilfe schaffen. Aber auch schlichte Machtfragen können der hierfür ausschlaggebende Grund sein.

Also wird ein neuer Leiter gesucht. Ich erlebe es häufig, dass sich dann diejenigen besonders in den Vordergrund drängen, die etwas länger dabei waren und der Meinung sind, in der Vergangenheit besonders zum Gelingen der Arbeit beigetragen zu haben. Nicht selten sind es aber auch Leute, die in der Vergangenheit keinen besonderen Beitrag geleistet haben, aber von der eigenen Person recht überzeugt sind. Insofern Gott diesen Menschen wirklich eine leitende Rolle zukommen lässt, wird die Arbeit gesegnet sein. Doch leider ist das nicht immer der Fall. Häufig überschätzen sich „Matrosen" und versuchen der „Kapitän" zu sein. In vielen Fällen fängt der Erfolg der Arbeit jedoch schnell an zu bröckeln und mit der Zeit verlieren sie den Rückhalt der Mitarbeiter. Schließlich ziehen sie sich desillusioniert und enttäuscht wieder zurück.

Wenn wir das Gleichnis von den anvertrauten Talenten im Matthäusevangelium 25,14–30 betrachten, wird das Beschriebene noch etwas deutlicher: Die Erzählung beginnt damit, dass ein Herr seinen Knechten einen Teil seines Vermögens übergibt. Sie werden von ihm über seinen Besitz eingesetzt und es ist selbstredend, dass sie nun als Verwalter dienen sollen. Die Summen, die diesen Knechten anvertraut werden, sind groß. Der Tageslohn eines ungelernten Arbeiters betrug damals etwa einen Denar (Mt 20,1-5). Man geht davon aus, dass ein Talent etwa 6 000-10 000 Denaren entsprach. Also ist selbst das „Wenige", über das der Herr die Knechte setzt (Mt 25,23), eine beträchtliche Summe.

In Vers 15 wird beschrieben, warum der Herr diesen Knechten sein Vermögen unterschiedlich zugeteilt hat:

> *Dem einen gab er fünf Talente Silbergeld, einem anderen zwei, wieder einem anderen eines, jedem nach seinen Fähigkeiten. Dann reiste er ab.*

Dieses Gleichnis ist in der gesamten Kirchengeschichte sehr unterschiedlich interpretiert worden. Die Ausleger der Schrift konnten sich wohl nie ganz einig darüber werden, was diese Talente im übertragenen Sinn genau bedeuten sollen. Außerdem ist nach wie vor strittig, welche Abschnittes in diesem Gleichnis tatsächlich symbolisch gesehen werden müssen und was bloß als erzählerischer Rahmen dient. Eine sehr verbreite Interpretation bezeichnet die Talente als die Gaben, die Gott jedem Menschen gegeben hat. Worin auch immer diese Talente bestehen, es wird deutlich, dass der Gebieter sein Kapital unterschiedlich austeilt, weil er die Fähigkeiten der Knechte nicht überstrapazieren möchte. Er gibt jedem nach seiner „Kraft" oder nach seinem „Können" und schneidet die Aufgaben in gewisser Weise auf die Person zu. Auch unser Herr, der in dem Gleichnis durch den Gebieter der Knechte repräsentiert wird, mutet niemandem mehr zu als er tragen kann, damit niemand überfordert wird (vgl. auch 1Kor 10,13). Das gilt es zu verstehen und anzunehmen. Gott privilegiert nicht und ist nicht unfair, sondern ihm ist an unserem Wohl und Gelingen gelegen. Er, der für uns ans Kreuz stieg, damit wir das Leben haben, wird uns herausfordern, bilden und formen. Aber bei alledem kennt unser Schöpfer das rechte Maß. Manchmal überfordern wir uns jedoch selbst, indem wir riesige Erwartungen an uns stellen. Womöglich sind es aber auch andere, die uns zu große Lasten auferlegen. Bei alledem dürfen wir uns vor Augen halten, dass wir nicht Menschen enttäuschen, sondern lediglich ihre persönlichen Erwartungen an uns. Unsere Berufung besteht nicht darin, es allen recht zu machen. Wir sind vielmehr dazu ausersehen, den Auftrag zu erfüllen, den der Herr uns persönlich zugeteilt hat.

Im kirchlichen Kontext wird gerade im Hinblick auf dieses Gleichnis immer wieder daran erinnert, dass Gott unsere Treue wichtig ist (V. 23). Die Frage ist, worin besteht diese Treue? Sie sollte sich natürlich im klugen Verwalten der Talente Gottes äußern und nicht etwa im Vergraben derselben. Doch gerade letzteres ist häufig der Fall. Dieses Vergraben geschieht meiner Meinung nach aber nicht unbedingt nur dadurch, dass Menschen passiv sind, auch wenn das Gleichnis eine solche Vermutung auf den ersten Blick nahezulegen scheint. Es ist auch dann der Fall, wenn wir versuchen, Talente zu verwalten, die uns gar nicht anvertraut worden sind, statt sich den eigenen zu widmen. Was das im Einzelnen bedeutet, werden wir im folgenden Kapitel sehen.

? Fragen zur persönlichen Reflexion

1. Festhalten ist nicht immer segensreich und es existiert auch ein gesundes Loslassen. Gibt es Bereiche in deinem Leben oder Dienst, von denen der Heilige Geist dir sagt, dass du sie loslassen solltest, um das Neue anzunehmen?
2. Wir Menschen neigen zum Bewerten. Sind dir Bewertungssysteme für Dienste oder Geistlichkeit aus deinem Umfeld oder eigenem Denken bekannt?
3. Wie hast du bisher deine eigenen Gaben, Fähigkeiten und Wirkungsbereiche bewertet? Gilt es darin umzudenken?

4 Gottes Gnade erkennen

4.1 Warum *viel wollen* nicht immer gut ist

Der berühmte American-Football-Trainer Vincent „Vince" Lombardi pflegte zu seinen Lebzeiten zu sagen: „Gewinner geben nie auf und Leute, die aufgeben, gewinnen nie." Damit hat er möglicherweise den Kern eines weit verbreiteten Denkmusters der westlichen Kultur getroffen. Bei uns gehört es zum guten Ton, nach Großem zu streben, dem eigenen Herzen zu folgen und sich durch nichts vom Erreichen seiner Träume abbringen zu lassen. Die Tugend, bescheiden zu sein und auch von etwas ablassen zu können, führt dagegen ein Schattendasein in unserer Gesellschaft. Aufgeben wird selbst in frommen Kreisen ungern gesehen. Doch ist dieses Denken immer weise? Was ist, wenn unsere Sehnsüchte und Träume nicht nur überhöht und unrealistisch sind, sondern auch das Maß der eigenen Gnade überschreiten? Welche Folgen ziehen diese Haltung und diese falschen Zielsetzungen nach sich?

Ich habe im letzten Kapitel dargelegt, dass ein Mensch sich nichts nehmen kann, wenn es ihm nicht vom Himmel gegeben worden ist. Dasselbe gilt auch für die Gnade, wie sie im Neuen Testament beschrieben wird: Sie wird verliehen und lässt sich von uns Menschen weder erkaufen noch erstreiten. Wir können suchen, finden und ergreifen, was Gott für uns hat. Harte Arbeit und alles Mühen werden uns jedoch nicht zum Erfolg verhelfen, wenn wir an uns reißen, was uns nicht gegeben ist. Dieses Dilemma erinnert mich immer wieder an 1Petr 4,15:

> *Niemand aber unter euch leide als ein Mörder oder Dieb oder Übeltäter oder als einer, der in Fremdes eingreift."*

Die junge Christenheit, die Petrus in diesem Abschnitt zu ermutigen versucht, litt unter Verfolgung und Bedrängnis. Solange sie diese aber wegen ihres Herrn Jesus Christus erduldeten, waren sie als glücklich zu preisen (V14). Kein Christ sollte sich jedoch deswegen quälen, weil er ein Mörder, Dieb, Verbrecher ist oder sich in fremde Dinge einmischt.

Das Wort, welches Petrus hier als letztes in seiner Aufzählung verwendet, ist in der Bibel einmalig und auch der antiken Literatur des ersten Jahrhunderts fremd. Am häufigsten wird es wohl im Sinne von „Wichtigtuer" oder „Eindringling" verstanden. Wortwörtlich übersetzt bedeutet der Ausdruck „Bischof über Fremdes". Es handelt sich dabei offenbar um eine Person, die sich in die Angelegenheiten anderer einmischt. Als solche soll kein Christ leiden. Ich finde es beachtlich, dass Petrus eine solche Überschreitung der Befugnis mit Schmerz in Verbindung bringt. Denn statt einfach zu erwähnen, dass sich derlei Verhalten für einen Christen nicht gehört, sagt er kurz und bündig, was Wichtigtuerei für Konsequenzen nach sich zieht: Es bedeutet persönliches Leid für den Schuster, der nicht bei seinen Leisten bleiben will.

Ich bin der Überzeugung, dass Menschen, die versuchen, sich etwas zu nehmen, was ihnen der Herr nicht zugeteilt hat, Trübsal in unterschiedlicher Form erleben werden. Diese kann sich in Stress, Enttäuschungen, Überforderung, Scheitern und Zerbruch äußern – um nur einige Formen zu nennen. Zudem ist auch die Gemeinde Jesu zwangsläufig mit betroffen, wenn ihre Glieder nicht an dem von Gott zugeteilten Platz bleiben.

Durch meinen Reisedienst und die beratende Arbeit werde ich oft Zeuge von Machtspielen in Gemeinden. Leider belebt die Konkurrenz nicht immer das Geschäft. Sie kann auch zum Krieg führen und aus Kriegen gehen bekanntlich nur Verlierer hervor und keine Gewinner. Gemeinden werden durch diese internen Zwistigkeiten zermürbt oder im schlechtesten Falle zerrissen. Dies schadet nicht nur dem Leib Christi selbst, es ist auch dem Evangelium abträglich, denn unsere Mitmenschen, denen wir die Botschaft von Liebe und Vergebung weitergeben, sehen, wenn sich in unseren Gemeinden Streit und Missgunst ausbreiten. Christen scheinen leider die einzige Rasse von Schafen zu sein, die sich gegenseitig beißt. Eigentlich müsste es in der Gemeinde Gottes keine Konkurrenz- und Rangkämpfe geben. Viele Konflikte und Kleinkriege könnten verhindert werden, wenn jeder nur danach suchen würde, was ihm von Gott zugeteilt ist, statt in Fremdes einzugreifen. Auf diese Weise könnten meiner Meinung nach viele Streitigkeiten und Konflikte von Anfang an vermieden werden und die Gemeinden wären zudem stärker und einflussreicher. Diese Ermahnung gilt nicht nur denen, die einen Dienst an sich reißen. Auch Leiter sind ihrerseits verantwortlich, anderen ihren rechtmäßigen Platz zuzugestehen und Einflussbereiche nicht für sich allein zu behalten. Daher lautet mein Motto nicht nur: „Ich lasse die Ergänzung zu." Vielmehr lautetet es: „Ich suche die Ergänzung aktiv."

Wir sind selbst dafür verantwortlich, unser von Gott gegebenes Maß zu erkennen und darin zu bleiben. Paulus rief seine Glaubensgeschwister vermehrt dazu auf, sich selbst richtig einzuschätzen. So gab es wohl in den Kreisen der römischen Christen Geschwister, die daran erinnert werden mussten, sich selbst nicht zu viel Wichtigkeit beizulegen:

> *Denn ich sage durch die Gnade, die mir gegeben ist, jedem unter euch, dass niemand mehr von sich halte, als sich's gebührt, sondern dass er maßvoll von sich halte, wie Gott einem jeden zugeteilt hat das Maß des Glaubens. (Röm 12,3)*

Der Apostel spricht hier von einer Nüchternheit bei der Selbsteinschätzung. Was derzeit der genaue Hintergrund seiner Worte war, bleibt ungewiss, aber es ist davon auszugehen, dass es Persönlichkeiten in seinem Umfeld gab, die nach mehr strebten, als für sie vorgesehen war. Ein weiterer Abschnitt, in dem Paulus seine Leser dazu ermutigt, maßvoll zu bleiben, ist 1Kor 7,17:

> *Doch soll jeder so leben, wie der Herr es ihm zugemessen, wie Gott einen jeden berufen hat. So ordne ich es in allen Gemeinden an.*

Die rettende Gnade Gottes, die uns zu seinen Kindern macht, schafft die große Verschiedenheit der Menschen nicht aus der Welt. So soll jeder sein Leben gestalten, wie Gott es für ihn vorgesehen hat. In den vorhergehenden Versen gibt Paulus noch Ratschläge an Menschen, die einen ungläubigen Partner haben (1Kor 7,12-16). Er verdeutlicht aber gleichzeitig, dass diese Tipps seine persönliche Meinung widerspiegeln und letztlich jeder selbst verantwortlich ist, die Berufung Gottes für sein Leben zu erkennen und umzusetzen. Norbert Baumert formuliert die Worte Pauli hier auf treffende Weise neu: „Du mußt also meinen

Rat noch einmal für dich überdenken und vor Gott prüfen, ob er in deinem Falle zutrifft. Und dieses Prinzip gilt immer!“ [10] Selbst der weise Rat von Aposteln ist nicht unumstößlich, wenn es darum geht, was der Herr einem Menschen zugemessen hat. Daher ist ein jeder selbst herausgefordert, allezeit Gottes Ratschluss für sein Leben zu suchen. Diese Suche sollte nie ganz abgeschlossen sein, denn das Leben und unsere Aufgaben darin unterliegen einem stetigen Wandel: Der Mensch gerät immer wieder in neue Entwicklungsphasen und vollendet diese. Sie kommen und gehen vorüber. Das Suchen nach dem eigenen Maß der Gnade gleicht somit einer Reise, auf welcher der Kurs auch immer wieder überprüft und nachkorrigiert werden muss. Auf diese Weise gelangen wir gewiss zum Ziel und vermeiden Verirrungen.

4.2 *Weniger* ist auch nicht immer *mehr*

Die Gemeinde Jesu leidet allerdings nicht nur darunter, dass ihre Glieder manchmal mehr wollen, als ihnen der Herr zugemessen hat. Es gibt wahrscheinlich eine weitaus größere Zahl von Personen, die das eigene Maß der Gnade gar nicht ergreifen. Vielleicht wollen sie keine Fehler machen oder fürchten Misserfolge. Oder sie glauben womöglich, sie seien unbedeutend. Manchen ist eventuell auch einfach nicht bewusst, dass Gott sie braucht. Er könnte natürlich auch ohne uns sein Werk tun, aber er will mit uns Menschen zusammenarbeiten. Bei einem näheren Blick in die Bibel fällt auf, dass Gott sich häufig natürlicher Mittel bedient, am häufigsten aber wohl der Hilfe des Menschen. Wenn Paulus in Röm 12,3 dazu aufruft, nicht zu viel von sich zu halten, dann will er mit Sicherheit auch dazu mahnen, sich selbst auch nicht zu gering zu schätzen. Schließlich soll doch jeder so leben, wie Gott ihm zugemessen hat (1Kor 7,17; Eph 4,7). Falsche Bescheidenheit ist hier fehl am Platz. Wir sind Gott sehr wichtig. In Joh 3,16 offenbart Jesus, wie wertvoll wir dem Schöpfer tatsächlich sind: Gott hat sogar seinen eigenen Sohn nicht verschont, um den Menschen die Gemeinschaft mit ihm wieder zu ermöglichen.

---

[10] Baumert: Sorgen des Seelsorgers, 101.

4.3 Sich mit dem eigenen Maß versöhnen

Ich ermutige die Gruppe der Zauderer und Zweifler genau wie auch die Übermütigen, sich mit dem von Gott gegebenen Maß der Gnade zu versöhnen und es zu umarmen.

Nicht immer erscheint uns dies auf den ersten Blick attraktiv. Vielleicht entspricht es auch gar nicht unseren Vorstellungen und Sehnsüchten oder schadet unserem Ego. Für die Enttäuschten habe ich eine positive Nachricht. Das Neue Testament kennt auch ein Wachsen in der Gnade. Zum Abschluss dieses Buches werden wir noch einen Blick auf dieses Thema werfen. Zunächst aber gilt es, die Gnade des Herrn anzunehmen. Dabei dürfen wir auch unsere eigenen Begrenzungen akzeptieren. Sie sind ein natürlicher Teil von uns. Nicht jedem gelingt alles und dies ist auch nicht tragisch. In unserer modernen Zeit lobt sich zwar mancher gern als *Allrounder* – ich bezeichne eine solche Person gern als „eierlegende Wollmilchsau". Kreaturen, die alles können, gibt es jedoch weder in der Natur noch als eine Form der menschlichen Spezies. Das Gegenteil ist eher der Fall: Im Zuge der wachsenden Komplexität unserer Gesellschaft und Umwelt im Allgemeinen stellt der Versuch, alles zu können, letztlich eine Überforderung dar. Am meisten in Gefahr stehen die Akribischen unter uns. Perfekt zu sein und zu arbeiten kostet Unmengen an Energie und Ressourcen. Dabei geht es unserem Herrn gar nicht um makellose Glanzleistungen. Ihm ist zuallererst an der Herzensbeziehung gelegen.

Ich wollte mir meine eigene Begrenzung nicht immer eingestehen. Vor einiger Zeit wurde ich in einem Gespräch gefragt, worin ich selbst meinen bisher größten Fehler als Leiter sehe. Ich glaube, er lag in meiner irrigen Annahme, Menschen in meinem Umfeld würden sich durch meine Anwesenheit und meine Zeit mit ihnen verändern. Also umgab ich mich mit Menschen, die sich in meiner Gegenwart zum Positiven entwickeln sollten. Doch es geschah nicht so, wie ich es mir vorgestellt hatte. Statt verändert zu werden, übten sie einen negativen Einfluss auf mich aus. Es war arrogant zu denken, dass ich derart einflussreich und überzeugend wäre. Ich habe mich mit dieser Annahme sehr geirrt und musste dafür einen hohen Preis bezahlen. Der Herr ist der Anfänger und Vollender des Glaubens (Hebr 12,2) und seine Gegenwart verändert Menschen. Zu meinen, dass ich selbst das könnte, war schlichte Selbstüberschätzung und ich musste zurückkehren zu dem Maß, das mir gegeben worden ist.

Wie bereits erwähnt glaube ich, dass Gott nicht unfair bei der Zuteilung seiner Gnade vorgeht. Stattdessen ist er an unserem Wohl und am Gelingen unserer Arbeit interessiert. Wenn ich sein Maß für mich kritisiere, stelle ich den infrage, der es bemessen hat. Die Ursünde des Menschen bestand jedoch genau darin, dass er wie Gott sein wollte (vgl. Kap. 1). Er wollte Herr sein über sich selbst. Dieses dem Menschen innewohnende Bedürfnis ist immer noch gegenwärtig und bildet eine Triebfeder bei unserer Lebensgestaltung, die wir schärfstens im Auge behalten sollten. Denn ein solches Verlangen darf bei der Suche nach unserem Maß der Gnade nicht unsere Motivation sein.

4.4 Das eigene Maß erkennen

Vermutlich ist bis hierher zu Genüge deutlich geworden, warum es so wichtig ist, dass ein jeder bei seinem rechten, gottgegebenen Maß bleibt. Doch umso mehr ist in uns womöglich Unsicherheit entstanden, ob der Weg, den wir eingeschlagen haben, überhaupt der richtige ist. Es ist allemal eine gesunde Angewohnheit, die eigene Person und den eigenen Dienst von Zeit zu Zeit auf den Prüfstand zu stellen. Wir sollten nicht davon ablassen, uns immer wieder an der Heiligen Schrift und dem Vorbild unseres Herrn messen und korrigieren zu lassen. Woran erkennen wir allerdings nun, dass wir uns im Rahmen unseres eigenen Maßes bewegen und nicht auf falsches Terrain abgebogen sind?

Paulus dient uns hierin erneut als Beispiel. Er berichte im Galaterbrief 2,1-10 über seine Begegnung mit den anderen Aposteln, die der Jerusalemer Urgemeinde vorstanden. Etwa 14 Jahre nachdem er das erste Mal die Stadt aus privaten Gründen besucht hatte, war er nun erneut zugegen. Dieses Mal betrat er die Stadt nicht alleine, sondern mit einer Delegation und der Grund seines Kommens bestand darin, einige brisante Probleme aus der Welt zu schaffen. Die Auseinandersetzung kreiste um die Heidenmission, die Paulus nun schon seit einigen Jahren vorantrieb, und zu der die Jerusalemer einige andere Ansichten vertraten. Nicht jeder Meinungsaustausch während seines Aufenthalts führte zu einem Konsens. Paulus betitelte einige sogar als „falsche Brüder", die die Gläubigen wieder zu Sklaven des Gesetzes machen wollten. Offenbar handelte es sich bei dieser Gruppe um Personen, die ein Christentum im Judentum forderten. Doch trotz dieser Meinungsverschiedenheiten konnten sie sich mit den tragenden „Säulen" der dortigen Gemeinde einig werden. Sie trafen die Vereinbarung, dass Jakobus, Petrus und Johannes weiterhin unter den Juden wirken sollten, während Paulus und seine Mitstreiter sich wieder der nichtjüdischen Welt widmeten. Was die drei führenden Apostel der Jerusalemer Urgemeinde zu dieser Entscheidung bewegt hat, berichtet Paulus in Gal 2,9:

> *Und da sie die Gnade erkannten, die mir gegeben war, reichten Jakobus und Kephas und Johannes, die als Säulen angesehen werden, mir und Barnabas die rechte Hand und wurden mit uns eins, dass wir unter den Heiden, sie aber unter den Beschnittenen predigen sollten.*

Die drei anderen Apostel bemerkten die göttliche Befähigung, die Paulus verliehen worden war und erklärten sich daraufhin bereit, sich mit der Delegation zu einigen. Die Gnade, als Heidenapostel zu wirken, war für die geisterfüllten Leiter dieser Gemeinde sichtbar.

Ähnlich wie in neutestamentlicher Zeit verhält es sich mit der Gnade auch gegenwärtig. Wenn Gott eine besondere Gnade verleiht und diese zur Wirksamkeit gelangt, ist sie für andere auch sichtbar. Selbst wenn sie anfangs nur glimmt (2Tim 1,6), glaube ich, dass sie unseren Geschwistern immer mehr offenbar wird. Daher sollte diese Gnade auch von anderen Leitern bekundet werden können. Es reicht nicht, wenn wir alleine der Überzeugung sind, dass wir sie empfangen haben. Obwohl ich nicht immer sonderlich begnadet wirke und meine erste Wahl zum Präses schlecht ausfiel, haben mir die anderen Leiter im Vorstand den Ruf Gottes immer wieder bestätigt. Die dafür nötige

Gnade wurde also schon relativ früh in mir erkannt, dennoch musste ich sie noch entwickeln, da vieles noch Neuland für mich war. Im Prinzip bin ich mein Leben lang ein und demselben Grundsatz gefolgt: Ich habe erst daran geglaubt, dass mir die Gnade des Herrn verliehen ist, nachdem andere Leiter sie mir bestätigt hatten. Außerdem habe ich mich nicht selbst für einen Dienst vorgeschlagen, sondern bin auf das eingegangen, was mir von reifen geistlichen Persönlichkeiten zugesprochen wurde. Sie haben Gottes Gnade erkannt und mich empfohlen – und da, wo die Gnade Gottes wirkt, folgt auch bald eine Frucht, die für andere sichtbar ist.

Für die meisten Aufgaben, die ich übernommen habe, musste ich mich neu erfinden – und das will ich in diesem Kontext abermals betonen: Gott wirkt zusammen mit den Menschen, nicht allein. Er gibt uns dazu seine Gnade. Und dennoch dürfen wir nicht glauben, dass uns dabei alles zufallen wird. Vieles muss zusätzlich erarbeitet werden. Für die Aufgaben, die Gott mir gegeben hat, habe ich mir Literatur angeschafft und Mentoren gesucht, die mich auf diesen neuen Wegen begleitet haben. Die Gnade Gottes wird uns verliehen, aber es ist an uns, etwas daraus zu machen. In dem Gleichnis vom Weinstock im Johannesevangelium betont Jesus deutlich, dass seine Jünger zwar nichts ohne ihn tun können, allerdings wird das Fruchtbringen in diesem Textabschnitt als aktiver Akt beschrieben:

> *Ich bin der Weinstock, ihr seid die Reben. Wer in mir bleibt und ich in ihm, der bringt viel Frucht; denn ohne mich könnt ihr nichts tun. (Joh 15,5)*

Der Aufruf an die Jünger lautet nicht, in Kontemplation zu versinken oder die Kirchenbank zu wärmen, sondern reichlich Ertrag zu bringen. Denn schließlich wird der Rat, in der Gnade zu bleiben, nicht zum Selbstweck gegeben. Ziel ist, dass gehandelt werden kann. Und dies soll nicht aus eigenem Vermögen geschehen, sondern aus der Kraft der Gemeinschaft mit dem Herrn. Es wird jedoch deutlich, dass das Fruchtbringen in Christus Aufgabe des Menschen ist. Gnade hat also zwei Seiten: Sie ist zum einen Gabe Gottes, zum anderen allerdings auch Aufgabe an den Menschen.

Diese Gnade wird sichtbar für andere, reife Geschwister, wenn sie zur Wirkung kommt. Doch ist damit noch nicht geklärt, was nun die Werke sind, mit denen wir beginnen sollen. Deshalb stellen mir Geschwister häufig die Frage, wie sie ihr persönliches Maß der Gnade selbst erkennen können. Ich gebe gerne meine persönliche Überzeugung dazu weiter: Nimm, was Gott dir vor die Füße legt und wachse darin! Wenn der Herr uns beruft und ausstattet, liegt sein Auftrag nicht in weiter Entfernung. Er schafft Möglichkeiten, sodass wir unser eigenes Maß der Gnade ergreifen können.

Um den Leser bei seiner Suche zu unterstützen (u. a.), werde ich im dritten Teil dieses Buches auf die natürlichen Gaben, die Gaben des Heiligen Geistes sowie die Ämter zu sprechen kommen. Damit möchte ich unter anderem aufzeigen, wie die Gnade Gottes im Leben des Glaubenden wirkt. Ich hoffe, dass der eine oder andere beim Lesen dieses Abschnitts seinem persönlichen Maß der Gnade auf die Spur kommen kann. Letztlich bleibt uns auch immer die Möglichkeit, Gott in dieser Frage um Weisheit zu bitten. In Jakobus 1,5 ist zu lesen, dass er demjenigen praktische Lebensweisheit ohne Vorbehalte gibt, der ihn darum bittet.

? Fragen zur persönlichen Reflexion

1. War dir bewusst, dass du über ein eigenes Maß der Gnade verfügst? Wenn Ja: Glaubst du, es richtig einzuschätzen?
2. Erfahrungen mit Scheitern hat jeder Mensch schon ein Mal gemacht, denn sie sind Teil der menschlichen Entwicklung. Wie haben geisterfüllte Geschwister deine Niederlagen eingeschätzt? Hast du ihren Rat angenommen?
3. Wie sind die Reaktionen deines gemeindlichen Umfelds auf dein gegenwärtiges Wirkungsgebiet? Erhältst du Zuspruch und Ermutigung oder ist man bei Feedback dir gegenüber eher zurückhaltend?

Teil 3: Dienen in der Gnade Gottes

5 Das Wirken des Heiligen Geistes an uns

Bei vielen Christen ist der Enthusiasmus groß, wenn sie erfahren, dass der Heilige Geist durch sie wirken möchte – und das ganz zu Recht! Doch bevor wir uns nun den Gaben und dem Wirken des Heiligen Geistes zuwenden, möchte ich ein grundlegendes Thema behandeln, das von enormer Bedeutung für den geistlichen Dienst ist: Gott will nicht nur *durch* den Menschen handeln, sondern auch *an* ihm!

Wie wir bereits erfahren haben, bleibt seine Gnade nicht ohne spürbare Auswirkungen. Gottes Liebe prägt und verändert uns. Sicher – er nimmt uns an, wie wir zu ihm kommen. Aber er liebt uns zu sehr, als dass er uns so lässt, wie wir sind. Doch wollen wir diese Veränderungen wirklich? Diese Frage wird meistens schnell bejaht. Dabei vergessen wir möglicherweise, dass es hierbei um eine Transformation unserer Persönlichkeit geht. Das eigene Wesen lässt sich aber nicht so einfach umformen, wie wir denken. Und nach meiner Erfahrung rufen viele Menschen bei Veränderungen begeistert Hurra, solange nur sie selbst nicht davon betroffen sind.

Einmal wurde ich von einem russischen Journalisten in Sankt Petersburg gefragt, was aus meiner Sicht das größte Wunder Gottes sei. Ich sagte ihm, dass ich – abgesehen von der Erlösung des Menschen – die Veränderung der Persönlichkeit des einzelnen Menschen und seines Wesens für das erstaunlichste hielte. Ich weiß sowohl aus dem Leben anderer als auch aus meinem eigenen, wie schwer es ist, an sich selbst zu arbeiten. Aber ich bin überzeugt, dass dies absolut notwendig ist, wenn wir auf gesunde Weise in der Gnade Gottes dienen wollen.

Alle sprechen von Charakter – doch was ist das eigentlich? Mit dem Wort *Charakter* bezeichnen wir in umfassender Weise die Eigenschaften, Einstellungen und Verhaltensweisen eines Menschen. Kurzum: Alles, was die Persönlichkeit ausmacht – also das „Charakteristische“ an ihr – ist damit gemeint. Doch ursprünglich stammt der Begriff *Charakter* aus dem Griechischen und bezog sich auf einen Stempel, den man für das Prägen von Münzen verwendete. Insofern wurde ein Geldstück nicht einfach durch das Metall wertvoll, sondern durch seine Prägung. Im übertragenen Sinne betrachtet, zeichnet sich auch ein Mensch nicht durch Äußerlichkeiten aus, sondern durch seinen Charakter. Der tatsächliche Wert für eine Ein-Euro-Münze samt Material- und Herstellungskosten etc. beläuft sich auf etwa 10 Cent. Mit ihrer Prägung vervielfältig sich dieser allerdings um das Zehnfache. Ich verwende diese Metapher gern, um die Bedeutung der Prägung unseres Charakters durch den Heiligen Geist zu beschreiben. Wenn der Geist Gottes uns formt, steigert sich auch unser Wert für unsere Mitwelt um ein Vielfaches.

Es fasziniert mich, dass Gott nicht besonders an Äußerlichkeiten interessiert ist. Vielmehr schaut er auf das Innere des Menschen. Er sieht das Herz an und daran ist ihm gelegen (1Sam 16,7).[16] Dieses Innere möchte Gott durch seinen Heiligen Geist prägen, formen und gestalten. Der Apostel Paulus spricht im Galaterbrief vom „Wandel im Geist" und der „Leitung durch den Geist" (Gal 5,16). Das Resultat eines solchen Lebensstils bezeichnet er wiederum als die „Frucht des Geistes" und zählt neun göttliche Qualitäten auf: Liebe, Freude, Friede, Geduld, Freundlichkeit, Güte, Treue, Sanftmut und Selbstbeherrschung (Gal 5,22). Manche Bibelausleger bezeichnen diese Eigenschaften auch als den Charakter Jesu Christi – zu Recht, wie ich finde. Denn wenn es jemals einen Menschen gab, der diese Eigenschaften vollkommen verkörperte, dann unser Herr Jesus Christus. Niemand sonst könnte das von sich behaupten.

---

[16] Nach alttestamentlichem Verständnis ist mit dem Herz der Kern des Menschen angesprochen, mit dem der Mensch fühlt und denkt. Als Europäer würden wir das Herz wohl mit der Seele und dem Verstand gleichsetzen.

Eine Frucht, an einem Obstbaum etwa, ist nicht einfach vorhanden, sie entsteht und reift heran. Pflanzen durchlaufen Wachstumsprozesse. Wir als Menschen unterscheiden uns dahingehend nicht von ihnen. Schritte in der Charakter- und Persönlichkeitsentwicklung brauchen ebenfalls Zeit und setzen gewisse Prozesse voraus. Als Bewohner eines wohlhabenden Landes sind wir jedoch daran gewöhnt, dass unsere Bedürfnisse schnell gestillt werden. Nur ungern warten wir in einem überfüllten Restaurant auf das Essen oder stellen uns an eine lange Schlange im Supermarkt an. Da wir uns nur selten im Ausharren üben müssen, fehlt uns dazu einfach die Geduld. Eine Veränderung der Persönlichkeit geschieht allerdings nicht auf Knopfdruck. Innere Prozesse erfordern Zeit und sind gewiss kein Spaziergang.

Ein Gedicht aus China sagt:

„Mit Geld kann man ein Haus kaufen, aber kein Heim;
kann man ein Bett kaufen, aber nicht den Schlaf;
kann man eine Uhr kaufen, aber nicht die Zeit;
kann man ein Buch kaufen, aber nicht das Wissen…"

Ich würde ergänzen: „Du kannst dir äußere Schönheit kaufen, aber nicht den Charakter." Charakter wird gebildet und geformt. Dieser Weg ist selten bequem und schnell.

Zu den ersten Denkern, die sich mit der Entwicklung des Menschen auseinandersetzen, zählt der Philosoph Platon. In seinem Werk *Politeia* findet sich das berühmte Höhlengleichnis: Eine Person ist in einem Felsloch gefangen. Gefesselt in der Welt des Scheins kann sie von den wirklichen Dingen nur die Schatten erkennen, die an eine Wand projiziert werden. Irgendwann jedoch gelingt es ihr, sich zu befreien, aus dem Loch zu steigen und die eigentliche Welt des Seins zu erblicken. Diese Höhle, in der sich die Person zuvor befunden hat, steht in Platons Analogie für die sicht- und erfahrbare Welt. Für Platon existiert darüber hinaus aber noch ein ewiges Reich der Ideen. Der Ausstieg aus der Höhle, der letztendlich dazu führt, dass der Mensch die Ideenwelt erblicken kann, gelingt durch die Bildung seiner Person. Platon beschreibt diesen Weg als mühsamen Prozess. Nur langsam kann er sich von den alten Perspektiven lösen und auch außerhalb der Höhle ist er geblendet von dem hellen Sonnenlicht, sodass er die Dinge anfangs nur nachts betrachten kann. Erst allmählich gewöhnen sich seine Augen an die Helligkeit. Doch eines Tages ist er in der Lage, auch in das Licht der Sonne zu blicken.

Meiner Meinung nach gelingt es Platon auf sehr eindrückliche Weise, den menschlichen Entwicklungsprozess als mühsamen Weg darzustellen. Denn eines ist sicher: Bildung und Entwicklung fallen uns nicht in den Schoß. Das Gewohnte und Vertraute aufzugeben und sich auf Neues und Unbekanntes einzulassen, ist nie einfach.

Wer seinen Charakter entwickeln möchte, braucht also auch die Bereitschaft für einen Prozess der Arbeit – oder besser gesagt der *Zusammenarbeit* mit dem Heiligen Geist. Er möchte unsere Persönlichkeit prägen, formen und gestalten, aber wir müssen dieses Wirken an uns bewusst bejahen und zulassen. Ansonsten wird nicht viel geschehen. Man könnte sagen: Charakterveränderung findet dann statt, wenn ein Mensch in einem intensiven Miteinander mit dem Heiligen Geist an sich selbst arbeitet.

Doch warum beschäftigen wir uns hier so ausführlich mit dem Wirken Gottes *an* dem Menschen, statt zu dem zu kommen, was er *durch* den Menschen tun will? Ich persönlich glaube, dass eine geschliffene Persönlichkeit wichtiger ist als Charisma und Begabung! Es heißt nicht umsonst: „Man stellt Menschen aufgrund ihrer Kompetenz ein und kündigt sie aufgrund ihres Charakters." Am Ende zählt die innere Haltung, denn sie ist ein maßgeblicher Faktor für Erfolg – und leider auch der Hauptgrund, warum berufene charismatische Leiter scheitern. Sie versagen in den meisten Fällen nicht aus Mangel an Wissen oder Kompetenz. Fast immer liegt es an der Persönlichkeit selbst. Man könnte folgende Gleichung aufstellen: Charisma minus Charakter ist gleich Chaos. Ohne einen Charakter, der vom Heiligen Geist geprägt und geformt ist, können wir im geistlichen Dienst nicht auf Dauer überzeugen. Deshalb möchte Gott zuerst *an* uns arbeiten, bevor er effektiv *durch* uns wirken kann.

Sicherlich ergibt sich der Charakter eines Menschen auch ein Stück weit aus seiner Erziehung und seinen angeborenen Eigenschaften. Diese Tatsache sollte aber niemals als Legitimation dafür dienen, sich notwendigen Reifeprozessen zu entziehen. Christsein heißt auch offen sein für die Veränderungen, die Gott an uns bewirken möchte. Unsere Gleichgültigkeit möchte er in Liebe verwandeln, unsere Wut in Sanftmut und unsere Disziplinlosigkeit in Selbstbeherrschung. Diese Absicht wird deutlich, wenn Paulus von einem Leben im Geist spricht und dabei die neun göttlichen Charaktereigenschaften aufzählt (Gal 5,22). Der Charakter Christi soll zu unserem eigenen werden. In diesem Sinne fordert uns der Apostel auch dazu auf, Christus „anzuziehen" (Gal 3,27; Röm 13,14; Kol 3,10). Es klingt vielleicht etwas zu einfach, aber so, wie ich jeden Morgen ein gewisses Outfit wähle, sollte ich auch täglich beschließen, mich mit dem Wesen Jesu Christi zu „kleiden". Persönlichkeits- und Charakterentwicklung ist also keine einmalige Angelegenheit, sondern eine beständige und bewusste Entscheidung, sich nach Gottes Willen formen zu lassen.

Viktor Frankl formuliert den Wert einer derartigen inneren Arbeit mit treffenden Worten: „Alles, was du hast, kann dir genommen werden, aber was du bist, kann dir keiner nehmen.“ Der Charakter zeigt die Größe und den Reichtum des inwendigen Menschen an, die zwangsläufig sein Umfeld beeinflussen werden. In meinem langjährigen Dienst ist mir klar geworden, dass die eigene Persönlichkeit zu den wichtigsten Werkzeugen eines geistlichen Leiters gehört. Gottes Methode ist der Mensch selbst in seinem Charakter und seiner Ausstrahlung. In erster Linie arbeitet er nicht mit Programmen, Konzepten oder Begabungen, sondern mit Persönlichkeiten. Anders ausgedrückt: Der Mann oder die Frau ist selbst die Botschaft. Nicht was ich sage, sondern was ich bin, wird angenommen. Wer Einfluss auf sein Umfeld nehmen und andere Menschen leiten möchte, wird dies zuallererst durch seinen Charakter tun.

Ein Mensch, der sein Wesen vom Heiligen Geist prägen lässt, gewinnt jedoch nicht nur die Herzen anderer, sondern achtet auch auf sein eigenes Herz. Nur wenn sein Denken, Reden und Handeln übereinstimmen, kann er mit sich selbst im Reinen sein. Persönliche Integrität und Authentizität sind also von besonderer Bedeutung für den geistlichen Dienst, denn sie bewahren uns vor einem Doppelleben. Unwahrhaftigkeit hingegen führt zur Spaltung unserer Persönlichkeit und der Zerstörung unseres geistlichen Dienstes. Wer also stetig an seinem Charakter arbeitet, erweist sich selbst den größten Gefallen. Wie gut, dass Gott uns mit dieser Aufgabe nicht allein gelassen, sondern uns den Heiligen Geist gegeben hat. Er möchte an uns arbeiten. Wenn wir diese Veränderung wollen, aktiv suchen und zulassen, kann Gott unser Innerstes nach seinem Vorbild prägen, formen und gestalten. Dieser Prozess wird sich nicht immer bequem anfühlen, denn wie jede Schule ist auch die Schule Gottes zeitweise herausfordernd für uns (Hebr 12,6-11). Sie dient dennoch unserem Besten, denn unser Charakter wird auf lange Sicht über den Erfolg unseres Dienstes entscheiden.

? Fragen zur persönlichen Reflexion

1. Der Stillstand der charakterlichen Entwicklung ist nicht in Gottes Sinne. Er will, dass wir Jesus immer ähnlicher werden. Wie hast du in der Vergangenheit an deiner charakterlichen Entwicklung gearbeitet?
2. Wer seinen Charakter entwickeln möchte, muss sich auf einen schmerzhaften Prozess einlassen, in dem der Heilige Geist verändern darf. Wie steht es um deine Bereitschaft, wenn du hörst, dass Veränderung einen Preis hat?

6 Das Wirken des Heiligen Geistes durch uns

Nachdem wir in den vorherigen Kapiteln die Gnade und die Notwendigkeit des Wirkens des Heiligen Geistes an uns behandelt haben, möchte ich nun zu einem wesentlichen Teil dieses Werkes kommen: dem Gnadenhandeln Gottes *durch* den Menschen in der Kraft des Heiligen Geistes. Das in diesem Zusammenhang verwendete Wort *charisma* geht auf das kurze Wort *charis* zurück, das ich eingangs erläutert habe. *Charisma* lässt sich wohl am ehesten mit Geschenk oder Gnadengabe übersetzen. Der Plural dieses Begriffs – die *charismata* – wird im Neuen Testament der Bibel mehrfach verwendet und bezeichnet hier die Gaben oder Charismen der Gläubigen. Die *charis* (also die Gnade) bewirkt die verschiedenen *charismata*.

An dieser Stelle will ich kurz auf die Bedeutung des Wortes „Charisma" im deutschen Sprachgebrauch hinweisen: Eine Person mit Charisma ist jemand mit einer besonderen Ausstrahlung; und Menschen in Führungspositionen (wie etwa Politiker) haben besonders gute Chancen, gewählt zu werden, wenn sie über Charisma verfügen. Die Art, wie der Begriff hier bei uns verwendet wird, hat jedoch wenig mit dem neutestamentlichen Verständnis zu tun. Dort bezeichnet er verschiedenste Begabungen und Funktionen in der Gemeinde. Diese Charismen sind außerdem nicht nur Einzelnen vorbehalten: Wie jeder Gläubige ein gewisses Maß der Gnade empfangen hat (Eph 4,7), verfügt er nach Aussage des Neuen Testaments über gewisse Gaben (1Petr 4,10; Röm 12,6). Somit sind alle Christen ausnahmslos charismatisch, nicht nur einige Erwählte oder eine besondere Gruppe. Allerdings werden diese Charismen, ähnlich wie die Gnade jedem gleich zugeteilt, sondern treten in großer Vielfalt auf.

Die wohl bekannteste Aufzählung von Charismen finden wir in 1Kor 12,8-10. Der Apostel Paulus stellt uns dort neun *Geistesgaben* vor, unter anderem das Wort der Weisheit und die Gabe des Glaubens. Weitere Stellen, an denen Gaben erwähnt sind, finden sich in Röm 12,6-8 sowie in 1Petr 4,10-11 – die sog. *natürlichen* oder *eigenen Gaben.* Außerdem werden uns in Eph 4,11 fünf Dienste vorgestellt. Diese sind allerdings nicht explizit als Gaben bezeichnet und entsprechen auch eher Personen- oder Amtsbezeichnungen. Deshalb liegt es meiner Meinung nach nahe, etwa zwischen dem *Amt* des Propheten und der *Gabe* des prophetischen Redens zu unterscheiden.

Ich persönlich kategorisiere die in der Bibel erwähnten Charismen in vier Kategorien: die Gabe Gottes, die Gabe Christi, eigene Gaben und Gaben des Heiligen Geistes.

6.1 Gabe Gottes und Gabe Christi

Die ersten beiden Charismen sind die Gabe Gottes und die Gabe Christi (Röm 5,15). Sie sind am bedeutendsten, da Vater und Sohn mit ihnen das Heil für alle Menschen erwirkt haben. Die Gabe Gottes wird in Röm 6,23 und auch im 2Kor 1,11 als das ewige Leben beschrieben, das der erlöste Mensch von seinem Schöpfer erhalten hat:

> *Denn der Lohn der Sünde ist der Tod, die Gabe Gottes aber ist das ewige Leben in Christus Jesus, unserem Herrn. (Röm 6,23 EUE)*

Jesu Erlösungswerk am Kreuz wiederum ist die Gabe, die das ewige Leben ermöglicht (Röm 5,15). Wegen der Übertretung des „einen" hat der Tod ein Anrecht an den Vielen erhalten. Durch den Gehorsam des „einen Menschen" Jesus Christus am Kreuz von Golgatha ist den Vielen jedoch ein Geschenk zuteil geworden, durch das der Tod seine Macht über sie wieder verloren hat. Diese beiden Charismen sind eng miteinander verbunden und bilden das Fundament für die weiteren. Nur wer sie empfangen hat, erhält auch die anderen. Leider werden sie nicht von allen Menschen zu ihrem Heil angenommen.

6.2 Eigene Gaben

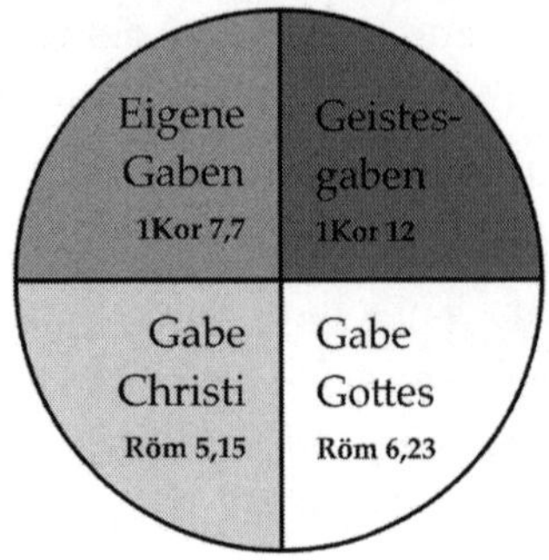

Natürliche Fähigkeiten, wie zum Beispiel gesangliches oder handwerkliches Talent, gilt es von den geistgeschenkten Gaben abzugrenzen. Diese Naturgaben hat Paulus meines Erachtens vor Augen, wenn er in 1Kor 7,7 von der „Gnadengabe von Gott" spricht, die jedem Menschen individuell zugeteilt ist:

> *Ich wünschte, alle Menschen wären unverheiratet wie ich. Doch jeder hat seine eigene Gnadengabe von Gott, der eine so, der andere so. (EUE)*

Hier drängt sich allerdings die Frage auf, warum diese natürlichen Fähigkeiten als Gaben Gottes bezeichnet werden: Wieso gelten sie als Charismen, obwohl es sich doch zumeist um Gegebenheiten handelt, die durch das Elternhaus geprägt, genetisch vererbt oder im eigenen Lebenslauf erworben worden sind? Und was hat das mit der Gnade Gottes zu tun, wenn ein Mensch sie ausübt? Meiner Meinung nach möchte Paulus damit ausdrücken, dass durch das neue Leben in Christus wirklich jede Einzelheit in den Herrschaftsbereich Gottes fällt. Alles was ein Mensch ist, wird vom Heiligen Geist angenommen und in seinen Dienst gestellt. Von der Herrschaft Christi ist kein Bereich des Lebens ausgeklammert. Deswegen lässt sich auch sagen, dass jeder einzelne über Charismen verfügt, denn jeder von uns ist begabt und alles, was wir haben, kann zur Gabe Gottes werden. Der eine oder andere mag der Ansicht sein, dass es Menschen gibt, die keinerlei Talent mitbekommen haben. Meiner Ansicht nach ist das nicht wahr. Menschliches Leben bedeutet immer Begabung. Niemand ist von diesem Segen ausgenommen; nur werden manche Gaben von unserer Gesellschaft übersehen oder wenig wertgeschätzt.

In Röm 12,6-8 findet sich eine erste Übersicht, in der Paulus (mit Ausnahme der Prophetie) verschiedene Gaben auflistet, die in die eben beschriebene Kategorie der natürlichen Gaben fallen. Diese

Aufzählung erhebt keinen Anspruch auf Vollständigkeit. Paulus wollte kein allumfassendes Verzeichnis von Gaben präsentieren, sondern die Glaubensgeschwister dazu gewinnen, ihre besonderen Fähigkeiten zur vollen Blüte zu entfalten. Aus den Versen in Röm 12,4f. spricht seine Überzeugung, dass jedes Glied eine bestimmte Funktion in der Gemeinde ausübt und dringend benötigt wird. Denn grundsätzlich dienen alle Gaben nicht dem Zweck, dass sich Einzelne in den Mittelpunkt stellen, sondern sind zum Segen für die Gemeinschaft gegeben. Ebendiese Erbauung der Geschwister ist das vorrangige Ziel beim Wirken des Heiligen Geistes durch uns. Obwohl die Gabenliste in Röm 12,6-8 nicht vollständig ist[17], dürfen die aufgezählten Fähigkeiten keineswegs gering geachtet werden. Im Gegenteil: Womöglich tragen gerade diese Gaben zur Gesundheit und Vitalität einer Gemeinde bei. Daher will ich sie im Folgenden kurz umreißen. Dabei wird das zuerst genannte Charisma, die prophetische Rede, vorerst an die Seite gestellt, da es sich hier nicht um eine natürliche Gabe handelt. Sie wird im Kapitel über die Geistesgaben hinreichend betrachtet.

Dienst

Unter den nun genannten Gaben begegnet uns zunächst die *diakonia*. Von diesem griechischen Begriff leiten sich die deutschen Worte „Diakonie“ oder „Diakon“ ab. Der „Dienst“, wie *diakonia* ebenfalls übersetzt werden kann, hat offenbar viele Facetten, denn in 1Kor 12,5 schreibt Paulus: „Es gibt verschiedene Dienste, aber nur den einen Herrn.“ Mit dem Dienst können unter anderem organisatorische oder karitative Aufgaben gemeint sein, wie sie in Apg 6,1-7 beschrieben werden. Die Arbeiten bei der Essensversorgung, von denen die geisterfüllten Geschwister die Apostel entlasteten, sind dort mit demselben Wort *diakonia* beschrieben.

Personen mit der Dienstgabe sind in ihrem speziellen Wirkungsbereich fähiger als die Menschen, denen sie helfen. Sie sehen alltägliche

[17] In den genannten Listen des Neuen Testaments werden über 20 verschiedene Begriffe für Gaben erwähnt. Der Vergleich mit Röm 12,6–8 legt nahe, dass Paulus keinen festen Gabenkatalog hat, sondern aus der Vielzahl auswählt.

Bedürfnisse und packen sie an. Oft stehen sie hinter den Kulissen. Nichtsdestotrotz leisten sie wertvolle Arbeit und unterstützen einzelne Geschwister bzw. die Kirche selbst. Es mögen Orte existieren, an denen keine Apostel oder Propheten zu finden sind, doch gibt es keine ohne Diener. Sie sind von unschätzbarem Wert für jede Gemeinde.

Lehre

Der Diakonie folgt in der Aufzählung von Röm 12,6-8 das Charisma der Lehre. Wie jeder, der eine Gabe empfangen hat, soll auch der Lehrer seine Fähigkeiten in die Gemeinde einbringen, schreibt Paulus. Ob jemand allerdings zum Unterrichten geeignet ist, wird sich an seinem Dienst zeigen. Wenn er in der Lage ist, Lernende zur Erkenntnis des Wortes Gottes und zum Wachstum in der Gnade zu führen, bestätigt dies seine Lehrgabe. Ein Mensch mit diesem Charisma ist kein Besserwisser oder Eigenbrötler. Er erklärt die Wahrheit und die Tiefe der Bibel verständlich und deutlich. Nicht jedem ist die Heilige Schrift leicht zugänglich. Das ist unter anderem der Tatsache geschuldet, dass die Bibel nicht vom Himmel gefallen, sondern hier auf Erden von menschlichen Autoren verfasst worden ist, die Gott inspiriert hat. Da diese Autoren aber vor langer Zeit und in einer uns fremden Kultur gelebt haben, können uns Menschen mit einer Lehrgabe helfen, diese Kluft zu überwinden. Sie schlagen eine Brücke von der Bibel zum Menschen und verschaffen uns auf diese Weise Zugang zu ihr.

Ermutigung

Auch Geschwister, die eine besondere Begabung haben, anderen Trost zu spenden oder Mut zu machen, fordert Paulus auf, diese Fähigkeit einzubringen. Gegenwärtig würden wohl die wenigsten Kirchen von sich behaupten, Personen mit dem Charisma der Ermutigung zu beheimaten – eher, dass einige ihrer Zugehörigen über Fähigkeiten in der Seelsorge verfügen. Letztlich besteht die hier beschriebene Gabe wohl auch in dem seelsorgerlichen Geschick, Menschen aufzubauen, ihnen Mut zuzusprechen, beizustehen und sie zu trösten. Personen mit diesem Charisma binden Menschen nicht an sich, sondern führen sie in die Freiheit Christi. Ein biblisches Beispiel für einen Menschen, der vermutlich in der Gabe der Ermutigung diente, ist Josef der Levit. Dass er von den anderen Aposteln seinen Beinamen Barnabas erhielt (was so viel bedeutet wie „Sohn des Trostes"), lässt auf das besondere Charisma schließen, mit dem er anderen seinen Zuspruch erteilte (Apg 4,36).

Geben

Alle Christen sollten dem Werk des Herrn finanziell dienen indem sie geben – natürlich nur insofern sie es auch können. Der Zehnte ist eine gute Richtlinie, an der sich viele Freikirchen orientieren. Wenn wir uns vor Augen führen, was Gott uns alles geschenkt hat und womit er uns auch künftig noch segnen wird, dürfte dies nicht allzu herausfordernd sein.

Trotz dieser allgemeinen Berufung zum Geben werden einige Menschen von Gott auf einzigartige Weise begabt, ihre Habe weiterzuschenken. Sie sind empfänglich für die Bedürfnisse und die Not der anderen Gläubigen und haben eine gottgegebene Fähigkeit, diesem Mangel zu begegnen. All dies sollte in Lauterkeit geschehen, heißt es im Text (Röm 12,8). Einer Person mit dem Charisma des Gebens geht es nicht um öffentliche Anerkennung (Mt 6,3). Sie freut sich daran, zu verschenken, was Gott ihr gegeben hat, um anderen zu helfen und das Werk unseres Herrn zu unterstützen. Die Gemeinden von Mazedonien (2Kor 8,1-5) und Philippi (Phil 4,14-18) hatten womöglich solche Geschwister in ihrer Mitte. Geben kann nicht nur helfen, sondern auch sehr viel Freude auslösen. Wo diese Gabe zum Einsatz kommt, lässt der Jubel meist nicht lange auf sich warten!

Vorstehen

Jede Organisation benötigt weise Leiter und es existiert auch eine Gabe des Vorstehens oder des Leitens, die in der Organisation und Inspiration des Leibes besteht. Eine Person mit solch einer Begabung steht wie ein Kapitän auf hoher See an der Spitze seiner Besatzung und zeigt ihr die Richtung. Sie erkennt den Kurs, den der Heilige Geist vorgibt und lotst andere, sodass sie Gottes Ziele erreichen. Klares Denken, Weisheit und Erkenntnis gehören zu ihren Stärken. Ein Leiter kann andere zum Handeln motivieren und sie dann gefühlvoll führen, denn er besitzt emotionale Intelligenz. Menschen vertrauen sich seiner Weisung an und laufen ihm nicht davon. Mit den Worten John C. Maxwells gesprochen: „Wenn du meinst, du führst andere, aber es folgt dir niemand, dann machst du nur einen Spaziergang.“ [18] Es ist also wichtig, Führungspositionen mit begabten Leitern zu besetzen. Leider neigen Christen des Öfteren dazu, Personen das Zepter in die Hand zu geben, wenn sie lange einen Dienst ausgeübt haben, erfahrene Mitglieder der Gemeinde sind oder viel Zeit für eine Position erübrigen können. Das allein macht sie allerdings noch nicht zu guten Leitern. Einen Spruch, den ich bei der Amtseinsetzung häufiger höre, lautet dann: „Er (oder sie) ist schon lange dabei.“ Meine Frage darauf lautet: „Und?“

Barmherzigkeit üben

Barmherzigkeit ist eine Eigenschaft Jesu, die eigentlich allen Christen zugesprochen werden sollte. Es gibt allerdings Persönlichkeiten, die diesbezüglich über ein besonders ausgeprägtes Charisma verfügen. Gottes Sohn Jesus Christus und sein Handeln als Mensch auf Erden sind ein leuchtendes Beispiel dafür. Wo immer er hinkam, baten ihn die Schwachen um sein Erbarmen. Eine Person mit dieser Gabe zeigt Mitgefühl und Freundlichkeit gegenüber denen, die verletzt, krank und leidgeprüft sind. Sie ist bereit, sich um die Elenden durch Besuche, Zuhören und Gebet zu kümmern. Im Notfall ist sie schnell zu erreichen und hat jederzeit ein offenes Ohr für die Bedürftigen, die traurig und schmerzerfüllt sind. Sie leistet praktische erste Hilfe, wie der barmherzige Samariter in Jesu Gleichnis (Lk 10,25–37). Wir erinnern uns, dass an dem Mann, der von den Räubern überfallen worden war, auch Menschen mit besonderen theologischen Kenntnissen vorübergingen. Das nützte dem Verletzten allerdings nichts. Er hätte den Dienst der

[18] Maxwell: Charakter und Charisma, 13.

Barmherzigkeit gebraucht. Dafür sahen die geistlichen Würdenträger jedoch keine Notwendigkeit. An diesem Beispiel wird deutlich, wie wichtig es für eine jede Gemeinde ist, dass Brüder und Schwestern mit dieser Gabe unter den Gläubigen sind. Oft sind Pastoren besonders dankbar für sie, da es ihnen bei einer gewissen Gemeindegröße einfach nicht mehr möglich ist, alle Notleidenden zu besuchen.

Wie bereits angedeutet, darf die obenstehende Aufzählung von natürlichen Gaben keineswegs als vollständig angesehen werden. Die gerade genannten Fähigkeiten sind zwar von besonderer Bedeutung für das Wohl einer Gemeinde, aber es gibt noch viele andere Talente, die jede Ortsgemeinde brauchen kann. Wenn Paulus diese Liste heute schreiben würde, wären sicherlich auch noch andere Gaben aufgeführt, die für den Gemeindebau der Gegenwart bedeutend sind. Vielleicht würde er die Künstler nennen, die einen Sinn für das Ästhetische haben und schöne Dinge fertigen können. Wir leben im Zeitalter der Digitalisierung und der Internetauftritt zählt in puncto Außenwirkung mittlerweile zu den wichtigsten Instrumenten einer Gemeinde. Wie sie sich in den Medien präsentiert, ist von enormer Wichtigkeit für ihr Wachstum. Gut, wenn wir Leute in unseren Reihen haben, die das Reich Gottes auch auf diesem Gebiet gebührend zum Ausdruck bringen können.

Ähnliches lässt sich über die Tonkünstler sagen: Unser Zeitalter fordert auch auf dem Gebiet der Musik eine gewisse Professionalität. Besucher von Freikirchen haben, wie die säkulare Bevölkerun,g einen gewissen Anspruch an Musik. Damit müssen sich auch die Kirchen auseinandersetzen. Im Russischen sagte einst jemand: „Es gibt zwei Arten von Menschen: Die einen, die Musik machen und die anderen, die nur Musik hören sollten." Da ich wie so viele andere Leute auch der letzten Gruppe angehöre, bin ich sehr dankbar für die Geschwister, die musikalisch begabt sind.

Als eine weitere Gabe, die in Röm 12,6-8 nicht erwähnt wird, aber für den Leib Jesu Christi besonders wichtig ist, ließe sich die Gastfreundschaft nennen. Petrus fordert sie von den Glaubenden, bevor er über die Charismen spricht (1Petr 4,9) und auch Paulus sieht in ihr eine Voraussetzung für den Ältestendienst (1Tim 3,2). Gastfrei sein bedeutet nicht, sein Haus frei von Gästen zu halten, sondern es für Außenstehende und Glaubensgeschwister zu öffnen. Doch in einer Zeit, in der die Bevölkerung unseres Landes mehr und mehr in separate gesellschaftliche Milieus zersplittert ist, möchten wir Fremde oft nur noch ungern in unsere „Burg" lassen. Das englische Sprichwort „My home is my castle" gilt durchaus auch hierzulande. Viele Individuen leben durch den Urbanisierungstrend auf engem Raum nebeneinander und doch vereinsamen nicht wenige von ihnen mitten unter Menschen.

In Sibirien lud eine Christin meine Mutter in ihr Haus ein und hieß sie auch in der Kleingruppe willkommen, die sich unter ihrem Dach zusammenfand. Meine Mutter fand durch diese offenherzige Frau zum Glauben an Jesus Christus. Kurze Zeit später saß auch mein Vater im Kreise dieser Gläubigen. Er wurde einige Jahre später der Pastor unserer Ortsgemeinde. Wir sind sehr dankbar, dass diese Frau meiner Mutter ihr Haus und ihr Herz geöffnet hat. So wie unsere Familie werden auch viele Gemeinden von Menschen mit der Gabe der Gastfreundschaft beschenkt.

Die Liste an wertvollen Charismen, die Menschen in die Gemeinde bringen, ließe sich beliebig fortsetzen. Doch nachdem wir nun ausführlich betrachtet haben, wie es um unsere natürlichen, eigenen Fähigkeiten steht, wollen wir uns im nächsten Abschnitt den besonderen, vom Heiligen Geist gegebenen Gaben widmen.

6.3 Gaben des Heiligen Geistes

Die Charismen des Geistes bilden die vierte Gruppe der Gaben. Wie dem aufmerksamen Leser in den vorherigen Abschnitten sicher aufgefallen ist, steht der Begriff Charisma nicht zwangsläufig in Zusammenhang mit einem Wirken des Heiligen Geistes. Bei den an dieser Stelle beschriebenen Charismen ist die Geistwirkung jedoch ausdrücklich gegeben. Doch woran erkennen wir, dass die hier behandelten Gaben als Geistesgaben anzusehen sind? Sie unterscheiden sich von den vorher genannten natürlichen Fähigkeiten dadurch, dass Paulus sie in der Einleitung zu seiner folgenden Abhandlung (1Kor 12,1) nicht nur als *charismata* bezeichnet: Er nennt sie auch *pneumatika* (vgl. 14,1), was ich der Einfachheit halber schlicht als „Geisteswirkungen" übersetze:

> *Über die Gaben des Geistes aber will ich euch, Brüder und Schwestern, nicht in Unwissenheit lassen.*

Kurz darauf bezeichnet Paulus dasselbe Phänomen auch als „Manifestationen des Geistes" (1Kor 12,7). All diese Bezeichnungen stehen für dieselben Gaben bzw. Wirkungen, die vom Geist ausgehen, und werden nun in seinen folgenden Ausführungen genannt.

> *Es sind verschiedene Gaben; aber es ist ein Geist. Und es sind verschiedene Ämter; aber es ist ein Herr. Und es sind verschiedene Kräfte; aber es ist ein Gott, der da wirkt alles in allen. (1Kor 12,4-6)*

Die unterschiedlichen Charismen werden wiedergeborenen Christen durch den Heiligen Geist zum Aufbau der Gemeinde gegeben (1Kor 12,7). Anders gesagt: Der Heilige Geist begabt Menschen, um durch sie ihre Mitmenschen zu stärken. Dieser Zusammenhang zeigt sich auch im weiteren Verlauf des ersten Korintherbriefs (Kap. 12-14), wo die Geistesgaben an mehreren Stellen mit Nutzen oder Erbauung in Verbindung gebracht werden. Ihren Wirkungsraum haben sie zunächst in der Versammlung der Gemeinde. Dies geht besonders aus 1Kor 14 hervor. Der Heilige Geist teilt die Gaben nicht aus, damit sich ein Einzelner in den Vordergrund stellen, glänzen oder profilieren kann. Sie werden dem Gläubigen auch nicht gegeben, damit er sich selbst erbaut. Stattdessen sind die Gaben des Geistes dazu da, um anderen zum Segen zu werden – das ist und bleibt ihre Bestimmung. Sollten sie nicht diesem Auftrag dienen, werden sie bedeutungslos. Lediglich die Zungenrede kann zum eigenen Wohl praktiziert werden, wie wir später noch sehen werden. Vom Rest jedoch gilt: Alles geschehe zur Erbauung der Gemeinde (1Kor 14,12.26). Nicht umsonst spricht Petrus in diesem Zusammenhang auch von den sogenannten „Dienstgaben" (1Petr 4,10).

Dass Paulus mit großer Selbstverständlichkeit von den Gaben des Geistes schreibt[19], ist meines Erachtens ein klarer Beleg für eine rege geistliche Kultur in der frühen Kirche. Offenbar ging es damals weitaus charismatischer zu als landläufig in unseren heutigen Kirchengemeinden. Dabei hat Paulus gar nicht den Versuch unternommen, eine systematische Lehre über das Wirken des Heiligen Geistes anzufertigen; er spricht von den Gaben des Geistes nur, um auf Missstände in den einzelnen Gemeinden einzugehen. Hätte er dies getan, wäre die Zahl der Zeugnisse für das Wirken des Heiligen Geistes in der ersten Christenheit vermutlich noch weitaus größer.

Zuteilung der Gaben und der Umgang mit ihnen

Charismen können nicht erlernt oder erkauft werden. Wir dürfen sie – wie die Gnade – einfach empfangen. Es heißt im ersten Korintherbrief, dass der Heilige Geist sie austeilt, „wie er will" (1Kor 12,11). Obwohl Charismen geschenkte Gaben sind, werden Christen gleichzeitig dazu aufgefordert, nach ihnen zu eifern (1Kor 12,31; 14,1). Gott möchte auch hier mit den Menschen arbeiten. Sie sollen sehnsüchtig begehren, vom Heiligen Geist gebraucht zu werden und mit ihm zu kooperieren. Meine Erfahrung zeigt mir leider, dass dies nicht immer der Fall ist. Kann es sein, dass Gemeinden heute ihre geistliche Kraft verlieren, weil Christen nicht mehr nach den Geistesgaben trachten? Desinteresse und Passivität werden uns hier nicht zum Ziel bringen. Aus meiner Sicht sollten wir unermüdlich bestrebt sein, vom Geist Gottes zur Erbauung seiner Gemeinde eingesetzt zu werden. Denn warum sonst sollte Paulus uns so offenkundig dazu raten?

Einige Christen stehen den Geistesgaben möglicherweise zwar skeptisch gegenüber – vielleicht, weil sie erlebt haben, wie diese missbräuchlich oder fehlerhaft eingesetzt wurden. Doch solche unguten Erfahrungen sollten nicht dazu führen, den Charismen gar keinen Raum mehr zu geben. Vielmehr sind wir herausgefordert, aus den Fehlern zu

---

19 Wir finden Erwähnungen nicht nur im ersten Korintherbrief, sondern auch in Gal 3,5; 1Thess 5,19-22; 1Tim 4,14.

lernen und es in Zukunft richtig zu machen. Wenn der Heilige Geist durch Menschen wirkt, arbeiten Gott und Mensch eng zusammen und bringen gemeinsam Gutes hervor. Dieses Miteinander ist eine große Gabe an den Menschen, aber eine genauso große Aufgabe. Die Spannungen, die sich daraus ergeben, müssen wir lernen zu bewältigen. Wenn wir korrekt mit den Gaben umgehen, kommt es dabei zu einem ‚wundervollen' Zusammenspiel zwischen Gott und Mensch. Gerade die Geistesgaben bergen das Potenzial, nicht nur einzelne Personen, sondern ganze Gemeinden zu erbauen, ermutigen und zurechtzubringen. Doch habe ich ebenso erlebt, dass ein unsachgemäßer Dienst in den Charismen für Verwunderung und Skepsis sorgen kann.

Wir dürfen den Menschen nicht als einen Kanal verstehen, der auf der einen Seite Gottes Reden empfängt und dann ungefiltert auf der anderen Seite weitergibt. Vielmehr ist jeder Gläubige ein Botschafter, der das göttliche Wort und Werk immer gemäß seiner eigenen menschlichen Persönlichkeit, Art und Prägung zum Ausdruck kommen lässt (2Kor 5,20; Eph 6,20). Schon bei der Abfassung der Bibel hat Gott die Eigenheiten der einzelnen Schreiber nicht ausgeschaltet, sondern sich vielmehr deren Wesensart bedient, wie etwa am Beispiel von Lukas deutlich wird (Lk 1,1-4). Vor dem Charisma sollte deshalb immer der Charakter stehen.

Was die prophetische Rede betrifft, so wurde schon in neutestamentlicher Zeit deutlich, dass eine Notwendigkeit zur Prüfung besteht. Dies gilt auch (oder gerade) dann, wenn jemand behauptet, im Auftrag Gottes zu reden. Paulus selbst gibt uns im Korintherbrief Anweisungen, wie Fehler und Schäden vermieden werden können. So soll die Gemeinde u. a. über die Eindrücke von Propheten urteilen:

> *Auch von den Propheten lasst zwei oder drei reden, und die andern lasst darüber urteilen. (1Kor 14,29)*

Es wird deutlich, dass es dem Apostel auf die Reflexion der prophetischen Worte durch die Gemeinde ankommt. Auch in dem bekannten Vers aus dem ersten Brief an die Thessalonicher, der oft für allerlei Art der Beurteilung zitiert wird, spricht Paulus zunächst über das Begutachten von Prophezeiungen:

Prophetische Rede verachtet nicht. Prüft aber alles und das Gute behaltet. (1Thess 5,20f.)

Was für prophetische Eindrücke gilt, ist auch bei den anderen Geistesgaben angezeigt: Immer wenn Charismen durch Menschen zur Wirkung kommen, sollten diese geistlich beurteilt werden. So können wir das Gute, das von Gott kommt, festhalten und zur Anwendung bringen.

Weil jede Gabe durch Menschen vermittelt wird und dieser Prüfung bedarf, sollte auch niemand, der in den Charismen dient, sein Reden als absolutes Reden Gottes darstellen. Es empfiehlt sich daher auch, die beliebte Redewendung „So spricht der Herr …" zu vermeiden.[20] Natürlich kommt es nicht auf die richtige Formel an. Manch einer sagt vielleicht: „Der Geist Gottes hat mir offenbart …"; ein anderer: „Das Wort Gottes hat zu mir gesprochen …". Der nächste formuliert: „Ich habe einen geistlichen Eindruck empfangen …". Wie es der Einzelne jeweils ausdrückt, ist nicht entscheidend. Wichtig ist, dass er seinen Dienst in der entsprechenden Geistesgabe nicht als vollkommenes Werk Gottes ausgibt und sich damit unantastbar macht. Der Mensch bleibt ein unvollkommenes Wesen und kann nicht den Anspruch erheben, fehlerfrei zu sein. Wer aber nicht bereit ist, sich prüfen zu lassen, der ist auch nicht berechtigt, in den Geistesgaben zu dienen.

Die Beurteilung der Geistesgaben sollte in zweifacher Hinsicht geschehen: auf Gehalt und Wirkung. Zunächst einmal muss also geprüft werden, ob der Inhalt der Botschaft göttlicher Natur ist – und dabei ist die Bibel alleinige Richtschnur für das Gesagte (Apg 17,11). Dann

---

[20] Diese Botenformel war typisch für die alttestamentlichen Propheten. Im Neuen Testament finden wir eine solche Autoritätsformel nur ansatzweise bei dem Propheten Agabus (Apg 21,11) oder in der außergewöhnlichen Johannesoffenbarung. Die Worte der alttestamentlichen Propheten waren direktes Reden Gottes, daher waren sie auch nicht zu prüfen. Diese Formel kann autoritär aufgenommen werden und lässt dem Hörer kaum eine Wahl. Damit entspricht sie aber nicht dem Wesen der neutestamentlichen Prophetie, die einer Prüfung bedarf.

gilt es zu begutachten, ob sich der charismatische Dienst auch positiv auswirkt, denn Gott setzt seine Gaben immer zielorientiert ein. Ein Charisma erfüllt nur dann seinen Zweck, wenn es sich am Ende als segensreich für Menschen erweist. Wenn das nicht der Fall ist oder sich herausstellt, dass sein Einsatz bedeutungslos oder gar schädlich für die Mitmenschen ist, sollte es dringend genauer betrachtet werden.

Wir sehen also, dass der Dienst in den Geistesgaben immer auch Verantwortung mit sich bringt – egal, ob sie gerade durch uns wirken, ob wir sie empfangen oder ob wir sie prüfen. Ich möchte die Gemeinde jedoch dazu ermutigen, ein weites Herz zu haben, lernwillig zu sein und Korrektur zuzulassen. Niemand verfügt über alle Weisheit und Erkenntnis (1Kor 13,9f.). Niemand hat alle Gaben. So wie die Entwicklung unserer Persönlichkeit nie abgeschlossen ist, bleiben wir auch in unserem charismatischen Dienst stets Lernende. Der Heilige Geist möchte durch uns wirken; und wir sind gerufen, ihm Raum zu geben und in den Gaben zu wachsen.

Die drei Kategorien der Geistesgaben

Die in 1Kor 12 aufgeführten Geistesgaben lassen sich aus meiner Sicht sehr gut in Kategorien einteilen. Wie bereits erwähnt, hat Paulus in seinen Abhandlungen zu den Charismen wahrscheinlich nicht systematisch gearbeitet, sondern ist auf die Herausforderungen eingegangen, mit denen die Korinther konfrontiert waren. Grundsätzlich gilt ohnehin, dass Gott seine Gnade auf vielfältige Weise kommunizieren möchte und der Heilige Geist sich nicht in unsere Konzepte zwängen lässt. Daher ist meine Einteilung auch nicht als Dogma zu verstehen, sondern lediglich ein Versuch, den Lesern die Gaben aus 1Kor 12,8-9 übersichtlich darzustellen. Ich gliedere sie zum besseren Überblick in drei Kategorien: Offenbarungsgaben, Kraftgaben und Sprachengaben.

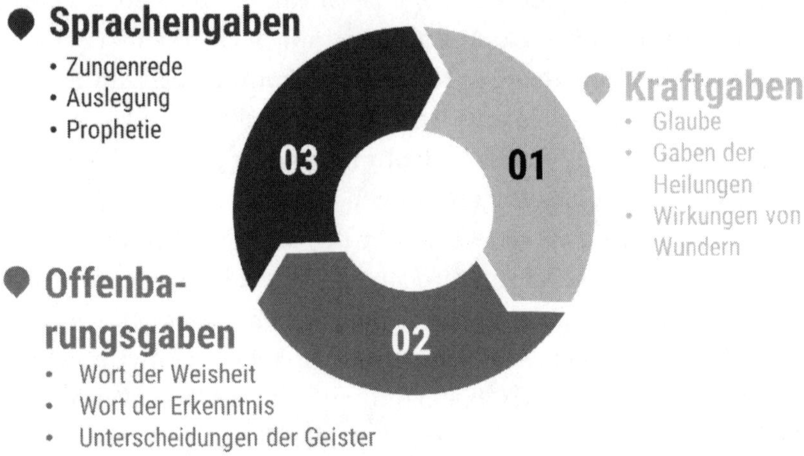

Die Kraftgaben demonstrieren Gottes Macht und Größe auf sichtbare Art und Weise. Gottes Gnade kommt hier visuell zum Ausdruck. Die Offenbarungsgaben hingegen bringen Verborgenes zum Vorschein. Sie geben Einblick in besondere Gedanken und Absichten Gottes. Die Sprachengaben schließlich kommunizieren Gottes Absichten auditiv. Sie lassen sich daher auch als auditionäre Gaben bezeichnen.

An diesen drei Kategorien wird deutlich, dass Gott unterschiedliche Wege der Kommunikation gebraucht, um den Menschen seine Gnade zu übermitteln. Wir Menschen sind nicht anders: Wir lieben es zu interagieren – auf mannigfaltige Weise. Nicht umsonst ist in den letzten zwei Jahrzehnten das Berufsfeld der Medienkommunikation rasant angewachsen. Es gehört zu unseren grundlegenden Bedürfnissen, uns mitzuteilen; und ich bin davon überzeugt, dass Gott selbst uns mit dem Willen und der Fähigkeit zum Kommunizieren ausgestattet hat. Die Geistesgaben können uns dabei als eine Art Kommunikationsmittel der Gnade Gottes dienen.

Grundsätzlich glaube ich, dass niemand alle Geistesgaben in sich vereint – auch wenn der Heilige Geist bei einer Person natürlich punktuell auch mehrere Gaben gleichzeitig aktivieren kann. Im Normalfall wirken jedoch mehrere Menschen mit ihren Geistesgaben zusammen wie etwa die Finger einer Hand: Jeder einzelne von ihnen ist wichtig und übernimmt gewisse Funktionen, aber erst gemeinsam ermöglichen sie der Hand, ihren Dienst auszuführen. Bei unserer Erschaffung hatte Gott sicherlich keine Einzelkämpfer vor Augen, sondern eher Teamplayer – Menschen, die aufeinander angewiesen sind und Ergänzung nötig haben. Nicht zuletzt deshalb sollte jeder, der in den Geistesgaben dienen möchte, eine hohes Maß an Bescheidenheit und Demut mitbringen. Wer sein Wesen dahingehend formen lässt, hat die besten Voraussetzungen für den Gabenempfang, da Gott seine Gnade nur den Demütigen geben wird (Spr 3,34; Mt 23,12; Jak 4,6; 1Petr 5,5).

Der bunte Strauß an Geistesgaben, den Gott uns überreicht, fasziniert mich. Er entspricht der Vielfalt des Menschen und seiner Art, auf unterschiedliche Weise zu kommunizieren. In den nächsten Kapiteln werde ich nun die einzelnen Geistesgaben konkreter in Augenschein nehmen und auch von meinen praktischen Erfahrungen mit ihnen berichten.

Die Aktualität der Gaben des Geistes

Trotz der Selbstverständlichkeit, mit der sich die Wirkungen des Geistes in den Versammlungen der ersten Christen offenbar manifestiert haben, nahmen diese Phänomene in der weiteren Kirchengeschichte mehr und mehr ab. Nur noch vereinzelte Gruppen strebten danach, die Gaben des Heiligen Geistes zu erhalten und in ihnen zu wandeln. In diesem Zusammenhang wird des Öfteren auf Paulus hingewiesen, der im berühmten Hohelied der Liebe davon spricht, dass Prophetie und Zungenrede eines Tages aufhören werden (1Kor 13,8). Doch stellt sich die Frage, ob dieser Tag bereits gekommen ist. „Ja!", sagen einige. Sie seien wie die anderen Wirkungen des Geistes auf das apostolische Zeitalter begrenzt und seit der Abfassung der Texte des Neuen Testamentes nicht mehr vonnöten. Die Tatsache, dass die Geistesgaben im Laufe der darauffolgenden Kirchengeschichte augenscheinlich mehr und mehr verschwunden sind, scheint diese Art des Textverständnisses sogar noch zu bestätigen.

Ein großer Teil der Christenheit interpretiert die Texte des Neuen Testaments allerdings anders – und das meiner Meinung nach zu Recht. Paulus erwähne zwar durchaus eine zeitliche Begrenzung für diese Form des Wirkens des Heiligen Geistes, allerdings spreche er nicht von der Gegenwart, sondern von der endzeitlichen Zukunft. Auf die Richtigkeit dieser Auslegung deutet auch der Textzusammenhang hin: Aus ihm lässt sich schließen, dass die Korinther glaubten, bereits am Ziel angelangt zu sein, sodass sie nicht einmal mehr von einer Auferstehung der Toten ausgingen (1Kor 15,12). Das Wirken des Geistes war aus ihrer Sicht eine Bestätigung ihrer Vollendung (1Kor 14,20ff.). Paulus aber klärte sie auf und verdeutlichte ihnen, dass auch dieses Wirken des Heiligen Geistes aufhören werde, wenn das Reich Gottes in seiner Fülle angebrochen sei. Die Gaben des Geistes würden dann nicht mehr nötig sein (1Kor 13,8ff.). Aus diesem Grund werde auch die Erkenntnis aufhören, die Liebe hingegen über alle Zeit Bestand haben (1Kor 13,13). Daher solle ein jeder nach ihr streben, allerdings gegenwärtig auch nach den anderen Gaben (14,1). Das eigentliche Anliegen des Apostels war es offenbar, den Korinthern zu verdeutlichen, dass eine Zeit kommen werde, in der keine Gaben mehr gebraucht würden. Die Tatsache aber, dass sie sich gegenwärtig noch manifestierten, sollte den Korinthern zu denken geben.

Aus den Evangelien wissen wir darüber hinaus um die näheren geistlichen Zusammenhänge, die auch in unserer heutigen Zeit noch Bestand haben: Das Reich Gottes ist zwar schon mit Jesus Christus „nahe herbeigekommen" (Mk 1,15) und das Wirken des Heiligen Geistes bestätigt dies (Mk 9,1), allerdings bleibt es auch zukünftig und steht noch aus (Mk 10,23; Lk 14,15 etc.). Daher bitten wir im Vaterunser, dem Gebet, das uns unser Herr gelehrt hat, immer noch, dass sein Reich komme. Es ist schon angebrochen, aber es ist noch nicht vollendet.

In Anbetracht der oben geschilderten Zusammenhänge ist die Hypothese aus meiner Sicht unmöglich haltbar, Paulus habe mit seiner Aussage andeuten wollen, die Wirkungen des Heiligen Geistes seien auf das apostolische Zeitalter begrenzt. Wer Paulus ernst nimmt und sorgfältig liest, kann eigentlich nur zu dem Ergebnis kommen, dass uns diese Gaben bis zu unserer Vollendung bei Jesu Wiederkunft zur Verfügung stehen.

Trotzdem sind derartige Manifestationen rar in unseren Gemeinden. Woran liegt es aber, dass Christen diesen Wirkungen des Heiligen Geistes so reserviert gegenüberstehen? Wahrscheinlich liegt einer der entscheidenden Faktoren für diese Verschlossenheit in der westlichen Weltanschauung, der solche Phänomene schlicht und ergreifend fremd sind. Außerdem ist allgemein bekannt, dass durch die Gaben auch Missbrauch stattfinden oder ungewollt Schaden verursacht werden kann. Wie in anderen Bereichen des Lebens lassen sich solche Unglücksfälle am besten dadurch vermeiden, dass die Ursachen gefunden und beseitigt werden. Dass es besser ist, aus Fehlern zu lernen, statt dem Wirken des Geistes aus dem Weg zu gehen, habe ich bereits betont. Deshalb sind wir herausgefordert, unsere Geistesgaben gegenseitig zu prüfen und uns weiterzuentwickeln.

Mich erinnert dieser Beurteilungsvorgang immer wieder an die Arbeit der Goldgräber. Wer einen Schatz finden wollte, musste sehr viel Erde und Schmutz wegschaffen, um an das kostbare Gut zu kommen. Ähnlich verhält es sich mit den Gaben. Nicht alles, was beim Streben nach den Charismen zutage tritt, ist Gold und in menschlichen Worten begegnet uns auch viel Menschliches. Auch als Gottes Werkzeuge bleiben wir doch immer noch fehlbare Geschöpfe. Es liegt an uns, das Gold in dem Gesagten zum Vorschein zu bringen. Das ist meines Erachtens das eigentliche Anliegen des Apostels Paulus, wenn er die Gemeinde auffordert, das Gute, das durch die Gaben weitergegeben wird, zu „behalten" und anzuwenden (1Thess 5,20f.).

Unser Herr Jesus Christus hat seiner Kirche wertvolle Gaben gegeben, die in der frühen Christenheit große Bedeutung besaßen. Es wäre zu schade, wenn wir angesichts unserer Weltanschauung oder aus Angst vor Fehlern und Missgeschicken auf diese Charismen verzichten würden. Ich persönlich entscheide mich dafür, diesem Wirken des Heiligen Geistes in meinem Leben Raum zu geben!

? Fragen zur persönlichen Reflexion

1. Laut dem Neuen Testament ist kein Mensch unbegabt. Jeder Glaubende hat ein gewisses Maß der Gnade empfangen und jeder ist auch begabt. Bist du dir deiner Gaben bewusst?
2. Wenn du die letzte Frage nicht bejahen konntest, was gäbe es für Möglichkeiten, um deinen Gaben auf die Spur zu kommen?
3. Wie stehst du den Wirkungen des Heiligen Geistes gegenüber? Sind sie deiner Meinung nach erstrebenswert oder sind sie dir eher fremd?

7 Die Geistestaufe

Bevor wir uns den Gaben des Geistes im Detail zuwenden, ist es nötig, noch auf eine Besonderheit zu sprechen zu kommen, die im Zusammenhang mit den Charismen von Bedeutung ist. Diese ist zwar nicht als *Bedingung* für den Gabenempfang zu verstehen, denn die Voraussetzung dafür ist die Wiedergeburt. Allerdings ist sie bedeutend für die *Entfaltung* der Charismen des Heiligen Geistes. Denn nach der Wiedergeburt gibt es noch eine weitere besondere Erfahrung, von der die Bibel berichtet: Die Taufe mit dem Heiligen Geist, der an Pfingsten ausgegossen wurde. Jedes Jahr wird das Pfingstfest von Gläubigen aus aller Welt gefeiert. Besonders Menschen, welche diese persönlichen Pfingsterfahrungen mit den ersten Christen teilen, nehmen das Fest zum Anlass, um charakteristische Merkmale ihres Glaubens zu würdigen – unter anderem die Geistestaufe. Manchen Christen wiederum ist Pfingsten zwar bekannt, allerdings können sie der Geistestaufe wenig abgewinnen: Getauft seien sie bereits und den Heiligen Geist hätten sie auch schon empfangen. Wozu solle es noch nötig sein, eine zweite, mysteriöse Taufe über sich ergehen zu lassen?

Eine Frage ist in jedem Fall berechtigt: Was hat es nun tatsächlich mit der Geistestaufe auf sich? Die Bibel kennt den Begriff *Geistestaufe* eigentlich nicht. Im Neuen Testament ist von einer „Taufe mit dem Heiligen Geist" die Rede. Kurz vor seiner Himmelfahrt sprach Jesus mit seinen Jüngern über die *Verheißung des Vaters.* Er befahl ihnen, in Jerusalem zu warten und sagte ihnen dann:

> *Johannes hat mit Wasser getauft, ihr aber sollt mit dem Heiligen Geist getauft werden. (Apg 1,5)*

Jetzt endlich sollte sich erfüllen, worauf Jesus schon zuvor hingewiesen hatte. Alle Evangelien berichten davon (Mt 3,11; Mk 1,8; Lk 3,16; Joh 1,32f.). Die Jünger, zu denen Jesus nun sprach, waren ihm drei Jahre lang nachgefolgt. Sie hatten ihn intensiv kennengelernt, seine Lehren gehört, an ihn geglaubt, sowie Heilsgewissheit und Autorität empfangen. Aber eine entscheidende Erfahrung fehlte ihnen noch – die Kraftausrüstung durch den Heiligen Geist, die sie befähigen sollte, Jesu Zeugen zu sein (Apg 1,8). Die Jünger waren bereits getauft. Außerdem hatten sie vom auferstandenen Herrn am Osterabend schon den Heiligen Geist empfangen (Joh 20,22). Dennoch gab es etwas, auf das sie warten sollten (Lk 24,49). Es war noch nicht an der Zeit, Jerusalem zu verlassen und den Missionsauftrag auszuführen. Stattdessen wurde ihnen eine zweite Erfahrung mit dem Geist Gottes verheißen, die sie noch benötigten. Diese Vorhersage trat nun am Pfingsttag ein, als der Heilige Geist auf die wartenden Jünger fiel (Apg 2,2-4). Wie ihnen zugesagt worden war, sprachen sie in anderen Sprachen und empfingen Kraft. Ihr nachfolgender Dienst wurde vom übernatürlichen Wirken des Heiligen Geistes begleitet.

Petrus interpretierte dieses Ereignis als Erfüllung der Prophetien Joels (Joel 3,1-4; Apg 2,15-20). Durch ihn hatte Gott verheißen, er werde in den letzten Tagen seinen Geist auf besondere Art und Weise auf alle seine Nachfolger ausgießen. Sie würden durch diesen Geist unter anderem Träume und prophetische Eindrücke erhalten. Nicht alles, was Joel vorausgesagt hatte, trat zum damaligen Zeitpunkt ein, doch die Zeit von der Joel gesprochen hatte, begann an diesem Tag. Es fällt in dem Zusammenhang auch auf, dass Petrus nicht davon sprach, dass sich die Weissagung Joels vollständig erfüllt habe, sondern lediglich bemerkte, dass eben dieses wundersame Ereignis das sei, was durch den Propheten „gesagt ist" (Apg 2,16).

Was die näheren Zusammenhänge zur Taufe mit dem Heiligen Geist betrifft werden wir eher bei Lukas fündig. Paulus hat demgegenüber wenig Beitrag zur Lehre über die Geistestaufe geleistet. Obwohl Letzterer diese nicht explizit erwähnt, wurde in der Vergangenheit immer wieder seine Aussage in 1Kor 12,3 als Andeutung auf ihre Existenz angeführt. Doch lässt sich dieser Vers eigentlich nur schwer als Hinweis auf die Geistestaufe verwenden. Allerdings wird in den Kapiteln 12-14 des ersten Korintherbriefs sehr deutlich, dass bei Paulus eine ebenso klare Verbindung zwischen dem Geistempfang und der Kraft besteht wie bei Lukas (Lk 24,49).

Heilsgeschichtlich und historisch gesehen war Pfingsten ein einmaliges Ereignis: Die Zeit des Heiligen Geistes ist damit angebrochen. Gott will fortan durch die Wirkungen seines Geistes unter den Menschen präsent sein. Der Geist soll die Predigt inspirieren (1Kor 2,1-16; Eph 1,17), von Sünde, Gerechtigkeit und Gericht überführen (Joh 16,8), Glauben bewirken (2Kor 4,13; Gal 5,5), Wohnung im Gläubigen nehmen (Röm 8,9), Erlösung, Gotteskindschaft und Heilsgewissheit schenken (Joh 3,5; Röm 8,4-16; Tit 3,5) und Gaben zur Auferbauung der Gemeinde austeilen (1Kor 12-14). Es ließen sich noch viele andere mehr nennen, doch all diese Wirkungen beschreiben nicht die Geistestaufe, denn damit ist das Erlebnis gemeint, das die Jünger zu Pfingsten hatten. Und diese Erfahrung ist laut Petrus als Verheißung des Vaters allen Kindern Gottes in Aussicht gestellt – auch heute noch: Das Pfingstereignis war einmalig, aber die Pfingst*erfahrung* ist wiederholbar und jeder darf sein persönliches Pfingsten erleben, wenn er nur aufrichtig darum bittet (Apg 2,39; 4,31).

Über diese Verheißung der Geistestaufe kam ich einst beim Spazieren mit einem Bekannten ins Gespräch. Ich versuchte zu erklären, dass wir heute mehr denn je auf die Kraftausrüstung zum Zeugendienst angewiesen seien. Aber mein Bekannter winkte zunächst ab: „Wozu brauche ich das? Ich bin schon ein Kind Gottes." Ich entgegnete ihm, dass es hier auch um eine wertvolle Verheißung des Vaters ginge. Er wurde stutzig, überlegte und sagte dann: „Okay, ich will sie empfangen. Jetzt gleich!" Dabei spazierten wir gerade über den breit angelegten Friedhof in unserer Nachbarschaft. Ich schaute mich kurz um und sagte zu ihm: „Lass uns lieber nach Hause gehen. Dort bete ich gerne für dich." Doch er sank auf seine Knie – bereit Gottes Geschenk zu empfangen. Was blieb mir jetzt noch anderes übrig? Ich segnete ihn und er erlebte die Taufe mit dem Heiligen Geist.

Die Geistestaufe dient nicht dem Selbstzweck. Sie wird auch nicht wie eine Trophäe zum bloßen Besitz verliehen. Wie immer, wenn Gott etwas schenkt, gibt es eine klare Zielrichtung. So auch hier: Die Verkündigung des Evangeliums soll in Kraft geschehen. Als Christen sind wir gerufen, unseren Herrn zu bezeugen – das ist unser großer Auftrag.

Wir sollen dies jedoch nicht aus eigenem Vermögen tun, sondern in der Macht seiner Stärke und dabei aus Gottes Möglichkeiten schöpfen. Die Geistestaufe öffnet uns die Tür zu dieser Kraft des Geistes. Sie macht uns stark und mutig, damit wir entschiedene Zeugen für Jesus sein können. Diesen entscheidenden Unterschied haben auch damals schon die Jünger Jesu erlebt: Nach der Kreuzigung hatten sie sich noch „aus Furcht vor den Juden" eingeschlossen (Joh 20,19). Groß waren ihre Trauer und Angst gewesen. Doch nachdem der Auferstandene sie mit dem Heiligen Geist getauft hatte, waren sie mutig und entschlossen. Selbst das Gefängnis konnte sie nicht davon abhalten, weiterhin über Jesus zu sprechen (Apg 5,17-21). Sie waren durch die Taufe mit dem Heiligen Geist zu ganz anderen Persönlichkeiten geworden.

Diese Kraft oder Macht, die der Heilige Geist bewirkt, ist nötig, um im geistlichen Dienst durchzuhalten und das Evangelium zu verkünden. Manch einer mag sehr gut ausgebildet sein oder über besondere Kenntnisse verfügen, doch wenn die geistliche Kraft fehlt, ist er nicht gut aufgestellt.

Zu Recht stellen wir fest, dass die *Wiedergeburt* zu neuem Leben das grundlegende Werk des Heiligen Geistes ist. Doch der logische nächste Schritt ist die *Taufe mit dem Heiligen Geist*. Wenn wir die Texte der Apostelgeschichte ernst nehmen wollen, dann müssen wir zwischen diesen beiden Ereignissen unterscheiden: Zuerst glaubten die Menschen an Jesus Christus, dann wurden sie mit dem Heiligen Geist getauft. Diese Abfolge geht u. a. aus den Geschehnissen in Samarien und Ephesus hervor (Apg 8,12-17; 19,1-7). Die Taufe mit dem Heiligen Geist darf also nicht mit der Wiedergeburt gleichgesetzt werden. Genauso wenig ist sie als eine besondere Form der Heiligung anzusehen. Ein Christ wird mit der Geistestaufe nicht in einen besonderen geistlichen Stand erhoben, sodass er sich etwas darauf einbilden könnte. Sie lässt sich weder verdienen, noch als besondere Auszeichnung für etwas bezeichnen. Niemand kann sich selbst rühmen, weil er die Taufe mit dem Heiligen Geist empfangen hat.

Auch der Annahme, dass diese Erfahrung zunächst etwas für geistliche Leiter oder erfahrene Christen ist, muss ich klar wiedersprechen.

Die Geistestaufe steht allen Gläubigen jeglicher Herkunft offen. Ich persönlich halte es für das Beste, wenn Menschen die Geistestaufe unmittelbar nach der Bekehrung und der Glaubenstaufe erfahren, wie es Petrus nach seiner Pfingstpredigt seinen Zuhörern zusagt (Apg 2,38). Dabei lässt sich aus den Berichten der Bibel jedoch keine spezielle Art und Weise ableiten, wie sich die Geistestaufe manifestieren sollte. Nur eins war klar: Ihre Auswirkungen waren unübersehbar. Stets wurde die Taufe mit dem Heiligen Geist von merklichen Zeichen begleitet – in der Regel von Zungenrede (Apg 2,4; 10,46; 19,6), aber auch von Kraft (4,31), Prophetie (19,6) oder Lobpreis (2,11; 10,46). Wie es also genau vonstattengehen soll, wenn Menschen heute die Geistestaufe erleben, bleibt Gott überlassen. Wichtig ist es in jedem Fall, keinen Druck auszuüben.

Es bleibt die Frage, ob es neben der Wiedergeburt noch andere Voraussetzungen dafür gibt, dass Christen die Taufe mit dem Heiligen Geist empfangen. Ja, ich würde sagen, dass die Erwartungshaltung und der Glaube eine große Rolle spielen. Nur der Durstige wird trinken und nur wer glaubt, wird empfangen. Was ein Mensch darüber hinaus mitbringen sollte, ist die Bereitschaft, zu dienen und dem Missionsbefehl nachzukommen, denn die Geistestaufe ist dafür die Kraftausrüstung, die auch zum Einsatz kommen soll.

Die Geistestaufe wird dem Gläubigen im Gebet zuteil und Jesus Christus selbst ist dabei der Täufer. Allerdings ist es dennoch empfehlenswert, nicht alleine darum zu bitten. Die Jünger waren als Gemeinschaft versammelt, als der Heilige Geist an Pfingsten über sie kam. Wenn ein Christ zusammen mit Geschwistern um die Geistestaufe bittet, wird er durch die anderen im Glauben gestärkt und ermutigt. Zudem verheißt uns unser Herr, dass er unter uns gegenwärtig sein möchte, wenn wir zu zweit oder dritt versammelt sind (Mt 18,20).

Womöglich fühlt sich der ein oder andere von uns aber auch durch gewisse Menschen in seinem geistlichen Umfeld gar nicht erbaut. Diesen Geschwistern möchte ich ans Herz legen, in diesem Bereich nicht jeden zu ihrem Ratgeber zu machen. Ich komme aus einem eher evangelikal-baptistisch geprägten Umfeld und dort wurde die Taufe mit dem Heiligen Geist sehr kritisch gesehen. Als ich anfing, mich nach der Geistestaufe auszustrecken, warnten mich manche Christen in meinem Umfeld. Einer sagte mir sogar: „Pass lieber auf! Du könntest dabei einen bösen Geist empfangen." Doch ich entschied mich, auf das wunderbare Versprechen Jesu zu vertrauen:

> *Wenn nun ihr, die ihr böse seid, euren Kindern gute Gaben zu geben wisst, wie viel mehr wird der Vater im Himmel den Heiligen Geist denen geben, die ihn bitten. (Lk 11,13)*

So wird es auch denen ergehen, die ernsthaft um die Taufe mit dem Heiligen Geist bitten. Oftmals lassen sich Christen den Segen der Geistestaufe rauben – Gründe sind Unglaube, Zweifel, Menschenfurcht, Angst, Gleichgültigkeit, Desinteresse, u. v. m. Wer sie aber empfangen möchte, sollte sie begehren und sich auf sie freuen, so wie ein Kind gespannt darauf wartet, sein Geburtstagsgeschenk auszupacken. Eines steht fest: Die Geistestaufe wird unseren Glauben herausfordern. Sie macht uns abhängig von unserem Schöpfer und von dem Wirken seines Geistes. Aber wir dürfen sie als eine wundervolle Gabe Gottes verstehen. Wir brauchen seine Kraftausrüstung zum Zeugendienst, weil er möchte, dass alle Menschen gerettet werden (Apg 2,38; 1Tim 2,4).

Es sei an dieser Stelle noch erwähnt, dass die Bibel neben der einmaligen Taufe schließlich auch von einem regelmäßigen Erfüllt-Werden mit dem Heiligen Geist spricht (Eph 5,18). Hier ist jedoch nicht von einem „Berauschen" mit dem Geist die Rede, wie dieser Text bisweilen irrtümlich verstanden wird. Die Gegenüberstellung von Wein und Geist mag den ein oder anderen zu einer derartigen Interpretation verleiten, allerdings wird nichts dergleichen gesagt: Die Epheser sollten sich nicht mit Wein berauschen, wie es in ihrem Umfeld bei religiösen Zeremonien Brauch war, sondern vom Heiligen Geist erfüllt werden. Dabei hat Paulus sicherlich an die gottesdienstliche Versammlung oder an andere Zusammenkünfte und Situationen gedacht, in denen der Heilige Geist über die Gläubigen kommt und unter ihnen wirkt.

Wenn wir unser Innerstes mit Heiligem Geist füllen lassen, werden andere, unnütze Dinge herausgespült und Gottes Geist kann sich in uns ausbreiten, uns prägen und uns leiten. Ein Lebensstil aus dem

Überfluss der Kraft des Heiligen Geistes wird uns stark machen für unsere täglichen Herausforderungen und uns in ein tieferes Verständnis des Wortes Gottes und der Person Jesu führen (Joh 16,8-11.14). So ist die Taufe mit dem Geist Gottes ein wichtiger Teil des christlichen Lebens nach der Himmelfahrt Jesu.

Die folgenden Tabellen sollen den Leser dabei unterstützen, diese zweite Erfahrung mit dem Heiligen Geist an Pfingsten besser zu überblicken. Sie dienen lediglich als Strukturhilfe, erheben jedoch nicht den Anspruch auf Vollkommenheit. Die hier beschriebenen geistlichen Realitäten sind außerdem nicht so statisch zu verstehen, wie sie auf den ersten Blick erscheinen, denn auch das geistliche Leben befindet sich ständig im Fluss.

TEXT	ORT	BEZEICHNUNG	ZEICHEN
Apg 2,4	Jerusalem	Geisterfüllung	Sichtbare Zeichen, Zungenrede
Apg 8,17f.	Samarien	Geistempfang	Sichtbare Zeichen
Apg 9,17	Damaskus	Geisterfüllung	Zungenrede
Apg 10,46	Caesarea	Geistesausgießung	Zungenrede
Apg 19,6	Ephesus	Kommen des Geistes	Zungenrede, Prophetie

OSTERN	PFINGSTEN
Wiedergeburt	Geistestaufe
Christus im Menschen	Christus durch den Menschen
Wirken des Heiligen Geistes am Menschen	Wirken des Heiligen Geistes durch den Menschen
Charakter Jesu	Dienst Jesu
Frucht des Geistes	Entfaltung der Frucht
Gaben des Geistes	Entfaltung der Gaben

? Fragen zur persönlichen Reflexion

1. Obwohl die Geistestaufe in der Bibel gut bezeugt ist, ist sie nicht allen Glaubenden bekannt. Hat dieses Kapitel deine Auffassung zu diesem Thema verändert?
2. Die Geistestaufe ist ein Geschenk unseres Herrn an seine Zeugen und für die Apostel war sie eine Notwendigkeit. Dennoch stehen ihr viele Christen gleichgültig gegenüber. Willst du dich für diese zweite Erfahrung mit dem Heiligen Geist öffnen?

8 Offenbarungsgaben

8.1 Das Wort der Weisheit

Wenden wir uns nun im Detail den Gaben des Geistes zu, wie wir sie in Kapitel 6 zur besseren Übersicht kategorisiert haben. Paulus beginnt die Aufzählung der neun Geistesgaben in 1Kor 12 mit dem „Wort der Weisheit“:

> *Dem einen wird durch den Geist das Wort der Weisheit gegeben … (1Kor 12,8)*

Gemeinsam mit dem „Wort der Erkenntnis“ und der „Gabe der Unterscheidungen der Geister“ zählen wir das „Wort der Weisheit“ zu den drei Offenbarungsgaben. Doch was ist unter dieser „Weisheitsrede“ zu verstehen? Werfen wir dazu einen weiteren Blick in die Bibel. Bereits am Anfang seines Briefes legt Paulus dar, dass zwischen göttlicher und weltlicher Weisheit unterschieden werden muss: Gemessen an weltlichen Maßstäben ist das gepredigte Evangelium – das „Wort vom Kreuz“ – eine Torheit (1Kor 1,19-27). Der Zugang zur Weisheit Gottes muss deshalb geistlich erschlossen werden. Paulus betont, dass auch seine Lehre nicht auf menschliche, sondern auf überirdische Weisheit gegründet ist (1Kor 2,6.7.13).

Das hier verwendete griechische Wort für Weisheit lautet *„sophia“*. Es bezeichnet die Fähigkeit, sich in den verschiedensten Situationen des Lebens richtig zu verhalten. Man könnte auch sagen: Weisheit ist angewandtes Wissen. Wissen ohne rechtes Handeln hingegen ist Torheit.

Manche Bibelübersetzungen sprechen an dieser Stelle auch von der „Gabe, Weisheit weiterzugeben“. Diese Übersetzung ist leider irreführend, denn es steht hier nicht *„Gabe* der Weisheit“, sondern *„Wort* der Weisheit“. Die genaue Formulierung ist maßgeblich, denn sie verweist auf ein entscheidendes Detail: Sie zeigt an, dass diese Wirkung des Geistes nicht permanent verfügbar ist, sondern punktuell auftritt. Diese Unterscheidung ist bedeutsam, denn offensichtlich kann hier nicht die

Rede davon sein, dass ein Mensch über die Fülle der Weisheit Gottes verfügt. Er empfängt sie nur hin und wieder. Auch die Annahme, es handle sich hierbei um eine besondere Bildung oder spezielles Wissen, ist abwegig. Das Wort der Weisheit wird schließlich durch den Heiligen Geist eingegeben (1Kor 12,7). Es geht also nicht um die Person und ihre Klugheit, sondern um den Heiligen Geist, der nach seinem souveränen Willen wirken möchte. Deshalb ist das Wort der Weisheit auch kein Produkt unseres Verstandes, sondern eine Gabe Gottes. Wer sie ausübt, bleibt stets unter der Leitung und Weisung des Höchsten.

Ein Mensch kann also menschliche Intelligenz, Erkenntnis und Wissen besitzen und dennoch keine geistliche Weisheit haben. Es werden immer wieder Fragen auftreten, die ihn schlichtweg überfordern. Bei aller Bildung und aller Klugheit bleibt er in vielen Fällen doch ratlos. Daher ist es segensreich, eine Quelle der Weisheit zu haben, die überirdisch ist.

Denn der Herr gibt Weisheit. Aus seinem Mund kommen Erkenntnis und Verständnis. (Spr 2,6)

Ich erinnere mich in diesem Zusammenhang an ein schwieriges Gespräch, das ich vor einigen Jahren geführt habe. Eine Person, die mir sehr wertvoll ist, suchte meinen Rat. Als ich ihr zuhörte, strömten unzählige kluge Gedanken in meinen Kopf. Aber ich spürte, dass es jetzt nicht auf meine Bildung ankam oder die Bücher, die ich gelesen hatte, sondern auf die Weisheit Gottes. Nach dem Gespräch rief ich einen Freund an und bat ihn, mir seine Eindrücke dazu mitzuteilen. Er konfrontierte mich mit einem messerscharfen Wort der Weisheit. Augenblicklich wurde mir klar, was ich zu tun hatte. Auf solche geistgewirkten Momente der Weisheit möchte ich keinesfalls verzichten.

Doch wie kann sich nun das Wort der Weisheit manifestieren und in welchen Situationen wird es benötigt? Ich stelle fest, dass dieses *Wie* uns oft neugieriger macht als das *Was* oder *Wozu*; vielleicht auch deshalb, weil die Bibel über das *Wie* nicht viele Worte verliert. Die Bibel berichtet von etlichen Begebenheiten, in denen Gottes Weisheit auf eine konkrete Situation angewendet wird: So steht geschrieben, dass der Diakon Stephanus im Streitgespräch mit einigen Kritikern in Geist und Weisheit redete (Apg 6,8-10). Das konnte er tun, weil er unter der Leitung des Heiligen Geistes stand. Aber wie ihn der Heilige Geist genau führte und inspirierte, darüber erfahren wir leider nichts. Vielleicht legte er ihm die Worte direkt in den Mund oder gab ihm Gedanken ein. Oder er verlieh Stephanus eine innere Gewissheit des Herzens, die dieser dann auf seine Weise zum Ausdruck brachte. Auch Jesus antwortete häufig in einer unnachahmlichen Weisheit – etwa auf die Frage, ob man dem Kaiser Steuern zahlen sollte (Lk 20,24f.). Auch hier bleibt uns der genaue Weg der Inspiration unbekannt.

Ich denke, dass sich ein Wort der Weisheit in mannigfaltigen Formen manifestieren kann, weil der Heilige Geist auch auf unterschiedlichste Weise zu uns Menschen redet. Er kann uns zum Beispiel an das Wort Gottes erinnern (Joh 14,26; Ps 119,105) oder uns innerlich in Beschlag nehmen (Apg 4,8); womöglich leitet er aber auch unser Denken und Reden (Röm 8,14; Gal 5,18) oder gibt uns Visionen, Träume, Bilder und Eindrücke (Apg 2,16-18). Der Geist Gottes verfügt über unbegrenzte Möglichkeiten, wenn es darum geht, uns zu erreichen. Eines steht dabei fest: Er macht sich bemerkbar und wenn sich sein Wirken manifestiert, wird es sich von allem Eigenen, Menschlichen und Gewohnten unterscheiden.

Wichtig ist, dass wir erkennen, wie sehr wir die Weisheit Gottes brauchen – für das Gemeindeleben wie für den persönlichen Alltag. Wenn es zu Herausforderungen kommt, die nur schwer zu bewältigen sind, inspiriert uns der Heilige Geist, sodass Antworten auftauchen, die auf menschlichem Wege nicht zu finden wären. Worte der Weisheit sind nötig, um die Gemeinde zu erbauen und zu fördern. Sie bewahren uns vor Spaltungen, glätten Wogen, führen zu richtigen Entscheidungen und offenbaren falsche Wege – um nur einige der zahlreichen Segnungen zu nennen. Außerdem lehrt uns Gottes Weisheit rechtes Verhalten und einen Gott wohlgefälligen Lebenswandel; sie hilft uns in Momenten wichtiger Entscheidungen und schult unsere Urteilsfähigkeit (1Kor 6,5; Eph 5,15; Kol 1,9; 4,5; Jak 3,13). Wir brauchen die

Impulse des Heiligen Geistes, ansonsten werden wir nur aus unserem eigenen limitierten Erfahrungsschatz leben. Wir sind darauf angewiesen, dazuzulernen – und manchmal auch komplett umzudenken.

In den Sprüchen des Alten Testaments, die den Kern biblischer Weisheitsliteratur bilden, steht echte Weisheit in engem Zusammenhang mit der Nähe zu Gott. Wo Menschen gottesfürchtig leben, beginnt sie aufzublühen (Spr 9,10). Sie führt uns zu Einsicht, Verständnis, Besonnenheit, Entscheidungsfähigkeit und Korrekturbereitschaft (z. B. Spr 1,5; 3,7; 4,5; 8,12; 10,8). Wer von Gottes Weisheit geprägt ist, wird friedfertig, freundlich, nachgiebig, barmherzig und aufrichtig handeln (Jak 3,17-18). Deshalb sollten wir sie begehren und unser Innerstes von ihr nähren lassen. Wenn wir Essen zu uns nehmen, das nicht gut für uns ist, kann es Tage dauern, bis wir diese Fehlentscheidung verarbeitet haben. Genauso ist es auch mit der geistlichen Nahrung: Deshalb sollten wir darauf achten, uns mit Gottes Weisheit zu sättigen. Denn wenn wir dies tun, wird das unser Leben bereichern und inspirieren (Röm 8,11-14).

Als eine Geistesgabe, die nur punktuell zur Wirkung kommt, erscheint das Wort der Weisheit womöglich weniger bedeutend. Das Gegenteil ist jedoch der Fall: Gerade die Gläubigen, die in Verantwortung stehen, benötigen sie häufig. Ich erinnere mich an viele Sitzungen, in denen wir als Älteste der Gemeinde den rechten Weg nicht erkennen konnten. In solchen Stunden hat uns ein Wort der Weisheit zur rechten Zeit enorm entlastet. Endlich wussten wir, was zu tun war, und die Ratlosigkeit war wie verflogen. Auch im Umgang mit meinen Mitmenschen bin ich schon oft mit meinem Latein am Ende gewesen. Nachdem ich alle Ratschläge aus der einschlägigen Fachliteratur angewandt und sich jeder einzelne von ihnen als erfolglos erwiesen hatte, baten wir den Herrn um Weisheit, wie es uns im Jakobusbrief (1,5) empfohlen wird. Als uns klar war, wie wir handeln sollten, haben wir uns oft gefragt: „Wieso sind wir denn nicht eher auf die Idee gekommen, Gott zu fragen?“

Daher ermutige ich wie auch Paulus und Jakobus einen jeden Gläubigen dazu, sich nach der Gabe des Wortes der Weisheit aber auch nach göttlicher Weisheit insgesamt auszustrecken (1Kor 12,31; 14,1; Jak 1,5).

8.2 Das Wort der Erkenntnis

Weisheit und Erkenntnis sind in der biblischen Sprache wie zwei Schuhe, die zueinander gehören. Nicht durch Zufall zählt Paulus bei seiner Auflistung der Geistesgaben das Wort der Erkenntnis unmittelbar nach dem Wort der Weisheit auf.

> *Dem einen wird durch den Geist das Wort der Weisheit gegeben, einem anderen aber das Wort der Erkenntnis nach demselben Geist … (1Kor 12,8)*

Auch hier ist nicht von der „*Gabe* der Erkenntnis“ die Rede, als hätte ein Mensch permanent und allumfassend Einblick in alle Dinge. Außerdem geht es nicht um eine Gabe, Erkenntnis weiterzugeben, wie sie etwa Personen mit einer Lehrbegabung besitzen. Es ist die Rede von dem „*Wort* der Erkenntnis“. Auch hier wird wieder das punktuelle Auftreten der Geistesgaben deutlich: In einer bestimmten Situation empfängt ein Mensch hier durch geistliche Inspiration ein Wort von Himmel. Es handelt sich dabei um einen minimalen Bruchteil, nicht aber um die Fülle gottgegebener Erkenntnis – ähnlich wie eine einzelne Perle nicht die ganze Perlenkette bildet, sondern nur ein kleiner Teil davon ist. Erkenntnis ist immer Stückwerk (1Kor 13,9). Diese Einsicht lehrt uns Bescheidenheit in Bezug auf uns selbst und Verständnis im Hinblick auf andere.

Von dem Wort der *Weisheit* heißt es in der Schrift, es werde „durch den Geist“ (*dia tou pneumatos*) gegeben; in Bezug auf die *Erkenntnis* steht nun, es werde „nach demselben Geist“ (*kata to auto pneuma*) gewährt. Dieser Unterschied ist zwar klein, aber nicht unbedeutend: Das Wort der Erkenntnis erfolgt nach der Norm bzw. in Übereinstimmung mit dem Wesen des Heiligen Geistes. Deshalb wird ein Wort der Erkenntnis immer die vom Geist Gottes inspirierte Heilige Schrift bestätigen und in den Vordergrund stellen (2Tim 3,16; 2Petr 1,21). Die Art und Weise wie Paulus das Wort Erkenntnis noch verwendet (z. B. in Röm 15,14; 1Kor 1,5), lässt darauf schließen, dass es sich bei dem Wort der Erkenntnis um eine tiefere Einsicht in die Bedeutung einzelner Schriftstellen handelt. Es aktualisiert das Wort Gottes, zeigt Zusammenhänge auf und macht Inhalte neu bewusst. Während das Wort der Weisheit einen praktischen Ausweg aus einer schwierigen Fragestellung oder Situation schenkt, offenbart das Wort der Erkenntnis biblische Zusammenhänge, die zum gegenwärtigen Zeitpunkt wichtig sind.

Wenn in der Kirchengeschichte wichtige Erkenntnisse verloren gegangen waren, gab es immer wieder Zeiten, in denen Gott seine Wahrheit durch Menschen erneut offenbart hat. Als wohl bekanntestes Beispiel ließe sich der Reformator Martin Luther anführen, weitere Vertreter sind John Wesley und der Methodismus, die Baptisten und die Pfingstbewegung, um nur einige wenige Persönlichkeiten und Erneuerungsbewegungen zu nennen.

Ich erinnere mich an eine Situation, in der wir als Leiter der Gemeinde eine Entscheidung treffen wollten, die wir in dieser Situation für vertretbar hielten. Doch dann wurden wir auf eine Schriftstelle im Neuen Testament und ihre Bedeutung hingewiesen, die uns bis zu diesem Zeitpunkt gar nicht vor Augen gewesen war. Auf der Grundlage der Heiligen Schrift überdachten wir unseren Entschluss erneut und blieben vor einer Fehlentscheidung bewahrt. Ich möchte an dieser Stelle nochmals betonen, dass es sich bei dem Wort der Erkenntnis wohlgemerkt nicht um intellektuelles Wissen handelt, das sich jemand durch Fleiß und Studium angehäuft hat. Es geht vielmehr um geistgegebene Einblicke. Der Heilige Geist handelt dabei als Initiator und Offenbarer zugleich, wie auch in dem berühmten biblischen Beispiel, als Jesus auf das Christus-Bekenntnis von Petrus antwortete:

> *… Fleisch und Blut haben dir das nicht offenbart, sondern mein Vater im Himmel. (Mt 16,17)*

Bei der hier beschriebenen Einsicht des Jüngers handelte es sich also auch nicht um eine menschliche Erkenntnis, sondern Petrus gab eine Offenbarung Gottes weiter. Solche geistgewirkten Einblicke brauchen auch wir in unserem gemeindlichen und persönlichen Leben – gerade wenn wir dazu tendieren, uns allzu sehr auf unseren Verstand zu verlassen. Andererseits gilt, dass Worte der Erkenntnis niemals gründliches Bibelstudium ersetzen dürfen. Im Gegenteil: Unsere Disziplin und Leidenschaft, das Wort Gottes zu durchdringen, sollen sogar noch zunehmen. Wir brauchen beides, denn wenn der Heilige Geist der große „Erinnerer" an das Wort Gottes ist (Joh 14,26), dann muss in unserem Herzen auch etwas vorhanden sein, an das er uns erinnern kann. Deshalb gilt es, Wort der Erkenntnis und Bibelstudium nicht gegeneinander auszuspielen: Nicht „entweder oder", sondern „sowohl als auch"!

Erkenntnis und Weisheit müssen zusammenkommen wie der linke Schuh zum rechten. Gemeinsam bilden sie das Schuhwerk, das wir für den weiteren Weg benötigen. Bloße Erkenntnis nützt wenig, wenn sie nicht in die Anwendung führt. An manchen Punkten in meiner Pastorenlaufbahn hat mir der Heilige Geist offenbart, dass ich nicht mehr von meiner Berufung geleitet wurde, sondern von den Nöten, die ich gesehen habe. Ich war auf der anderen Seite allerdings auch nicht in der Lage, allen Bedürfnissen zu begegnen (und werde es nie sein). So stand ich mehrmals in meinem Leben vor der Herausforderung, etwas aus dieser Erkenntnis zu machen. Um die Lage zu durchschauen, brauchte ich Erkenntnis, aber um sie zu verändern, die nötige Weisheit. Es gibt wohl kaum einen Menschen, der noch nie in eine solche Zwickmühle geraten ist. Jeder kommt einmal in eine Situation, in der er den Durchblick verliert. Dann braucht er nicht nur die Weisheit Gottes, sondern auch die Erkenntnis. Wie gut, dass der in uns wohnende Heilige Geist beides bewirken möchte.

Erkenntnis ist auch Einsicht. Wenn ich einen dunklen Raum betrete, werde ich zunächst nicht in der Lage sein, etwas wahrzunehmen. Aber sobald ich das Licht einschalte, habe ich Einblick in die tatsächlichen Gegebenheiten des Raumes: Dann kann ich sehen, was sich vor mir befindet und wohin ich mich bewegen kann. Erkenntnis gewinnen wir dort, wo Gott Licht in unsere dunklen Situationen bringt. So hat Erkenntnis mit Einsicht, Verständnis und Urteilsvermögen zu tun.

Vor einiger Zeit kam ich mit einer Person ins Gespräch, die sehr verwirrt war. Sie fühlte sich, als hätte sie die Orientierung verloren. Nachts hatte sie auffällig viele Träume und wurde den Eindruck nicht los, Gott wolle zu ihr reden. Aber was sollten diese Träume bedeuten? Am liebsten hätte sie meine Interpretationen gehört. Doch viel besser ist es, den Herrn um Erkenntnis und Einsicht zu bitten. Er gibt sie gerne. Ich habe oft erlebt, dass Gott durch Träume oder übernatürliche Eingebungen geredet und dann auch die nötige Erkenntnis gegeben hat, damit sein Reden richtig verstanden werden konnte. Und doch sind auch nicht alle Träume vom Herrn. So wies ich die Person darauf hin und empfahl ihr, Gott um Erkenntnis zu bitten – und um Geduld. Denn wenn zunächst keine Klarheit herrscht, dürfen wir uns in Langmut üben. Nicht alles leuchtet uns sofort ein. Der berühmte Philosoph Sören Kierkegaard hat es trefflich formuliert: „Wir leben zwar vorwärts, aber verstehen oft rückwärts."

Der Umgang mit Erkenntnis fordert uns immer auch heraus. Es gibt zwei Gefahren, denen insbesondere geistliche Leiter ausgesetzt sind. Die erste besteht darin, dass Erkenntnis verloren geht. In Hosea 4,6 richtet sich Gott an die Priesterschaft und sagt:

> *Mein Volk kommt um aus Mangel an Erkenntnis. Weil du die Erkenntnis verworfen hast, so verwerfe ich dich, dass du mir nicht mehr als Priester dienst.*

Das sind harte Worte. Die Priester gehörten im alten Israel zu den spirituellen Anführern. Sie waren mitverantwortlich für das geistliche Wohl des Volkes. Doch als sie Gott und sein Wort missachteten, ging ihnen die nötige Erkenntnis für ihren Dienst verloren. Auch Jesus sagte einst über Schriftgelehrte und Pharisäer, die sich mehr an eigene als an Gottes Einsichten halten wollten: „Sie sind blinde Blindenführer." (Mt 15,14) Daran wird deutlich, dass die Erkenntnis des Wortes Gottes von besonderer Bedeutung für Leiter ist und daher stets begehrt und gesucht werden sollte.

Die zweite Gefahr im Umgang mit Erkenntnis besteht genau im Gegenteil – nämlich darin, dass wir meinen, besonders viel Einsicht gewonnen zu haben: Erkenntnis kann aufblähen, lesen wir in 1Kor 8,1. Als sich die ersten christlichen Gemeinden formierten, gab es viele Irrlehrer mit eigentümlichen Erkenntnissen. Viele dieser Sonderlehren wurden unter dem griechischen Sammelbegriff „Gnosis" (Erkenntnis) zusammengefasst. Vor solchen Gnostikern, die mit ihren geheimen Spezialerkenntnissen Verwirrung stifteten, hat schon Paulus gewarnt:

> *Meide das unheilige, nichtige Geschwätz und die Widersprüche der fälschlich so genannten Erkenntnis. (1Tim 6,20)*

Es sind durchaus scharfe Worte, die der Apostel hier verwendet hat. Doch sie sollten seinen Schüler Timotheus davor schützen, sich auf unnütze Diskussionen mit solchen Personen einzulassen. Auch uns dürfen diese Worte ermahnen und davor bewahren, mit Sonderlehren auftreten zu wollen und überheblich zu werden. Grundsätzlich ist Erkenntnis etwas sehr Positives. Allerdings ist wie immer der rechte Umgang mit den Dingen entscheidend. Selbst an der besten Speise kann ein Mensch zugrunde gehen. Deswegen muss Christus in unserem Fokus sein, damit die Gaben uns und anderen zum Segen werden. In Kolosser 2,3 heißt es, dass in ihm „alle Schätze der Weisheit und Erkenntnis verborgen sind." Echte Erkenntnis finden wir also, wenn wir Christus suchen und Gemeinschaft mit ihm haben. Er wird uns auch den rechten Umgang mit ihr lehren.

Meiner Meinung nach hat Erkenntnis nicht nur mit Einsicht, Verständnis und Wissen zu tun. Die Bibel eröffnet uns noch eine weitere Bedeutungsdimension: Sie ermutigt uns, Gott selbst mehr und mehr zu erkennen.

Ich würde von mir behaupten, dass ich nach 42 Ehejahren meine Frau mittlerweile ziemlich gut kenne – aber nicht nur, weil ich viel über sie weiß, sondern weil ich mich bewusst auf ihre ganze Persönlichkeit eingelassen habe. Aufgrund unserer intimen Beziehung durfte ich ihre Stärken und Schwächen, ihre Wünsche und Ängste, ihre Ziele und ihre Zweifel kennenlernen. Dasselbe gilt umgekehrt auch für meine Frau. In einem Moment der Stille sagte sie mir einst: „Du atmest anders. Erzähle mir bitte, was dich bewegt." Sogar an der Art und Weise, wie ich Luft holte, hatte sie erkannt, dass mich gerade etwas beschäftigte. Wieviel mehr möchte uns der Heilige Geist in die Erkenntnis Gottes führen. Paulus schreibt im Epheserbrief, dass wir in ihr wachsen sollen, um reif und mündig zu werden (Eph 4,13). Er möchte uns damit jedoch nicht dazu auffordern, noch mehr theologisches Wissen anzuhäufen, sondern das göttliche Wesen tiefer zu begreifen. Wissen ist nicht dasselbe wie Kennen. Durch bloße Ansammlung von Informationen könnte ich Einblick in den Aufbau eines Klaviers haben, und doch würde dies nichts über mein Verhältnis zur Musik aussagen und schon gar nicht über meine Fähigkeit, Klavier zu spielen.

Wer Gottes Wesen besser kennenlernt, wird auch sich selbst entdecken, denn Gotteserkenntnis hat Selbsterkenntnis zur Folge. In seinem Licht sehen wir unsere Schatten. In der Stille der Begegnung mit ihm wird uns seine Sicht über uns offenbar. Und in seiner Gnade finden wir Vergebung. Gottes Wort ist für uns wie ein Spiegel (Jak 1,23). Wer hineinschaut, wird nicht nur Erkenntnis über Gott, sondern auch über sich selbst gewinnen.

Der Apostel Johannes geht sogar so weit, Erkenntnis unmittelbar mit Liebe in Zusammenhang zu bringen (1Joh 4,7f.). Eine ähnliche Verbindung beobachten wir im Alten Testament: Dort ist der intimste Moment zwischen Mann und Frau mit „Erkennen" umschrieben (z. B. 1Mo 4,1). Überhaupt wird Erkenntnis gerade auch im Alten Testament nicht als rein intellektueller Vorgang angesehen. Als wichtigstes Erkenntnisorgan gilt dort das Herz, mit dem der Mensch nicht nur fühlt und empfindet, sondern auch nachdenkt und versteht (z. B. 5Mo 8,5; Spr 18,15). Wer in geistlicher Erkenntnis wachsen möchte, sollte deshalb eine intime Beziehung mit Gott pflegen und sich mehr und mehr in sein Wesen verlieben – innig von Herz zu Herz und von Geist zu Geist.

Auch in Bezug auf die Gabe des Wortes der Erkenntnis stellt sich am Ende die Frage, wie wir sie nützlich einsetzen können. Wie alle anderen Charismen ist sie zur Erbauung gegeben (1Kor 14,12) – das bleibt das Ziel, das wir immer im Auge behalten sollten. Wenn ich für einen Menschen bete, der starke Rückenschmerzen hat, kann ich die im Gebet gewonnenen Erkenntnisse auch dazu missbrauchen, um ihn mit unerbetenen Ratschlägen zu traktieren: „Du solltest mehr Sport treiben! Wieso isst du so viel? So lange vor dem Computer sitzen kann doch nicht gesund sein!“ Eine solche Form der Ermahnung wäre allerdings weder klug, noch ermutigend. Eindrücke, die der Geist uns vermittelt, sollten mit Respekt, Geduld und Wertschätzung weitergegeben werden. Wenn sich Erkenntnis mit Liebe verbindet, werden wir auch den rechten Weg finden, wie wir heikle Themen ansprechen können. Denn: Mit einer Keule kann man einen Hund füttern oder aber erschlagen. Deshalb sollen sich Erkenntnis und Liebe immer bei der Hand halten. Die Erkenntnis wird eines Tages vergehen, aber die Liebe hat in Ewigkeit Bestand. Sie bleibt deshalb die bedeutendste aller Gaben (1Kor 13,8-13).

8.3 Die Gabe der Unterscheidungen der Geister

In Wirtschaftsunternehmen gehört das Risikomanagement zu den wichtigsten Aufgaben der Führungsetage. Die Frage, wie man Gefahren frühzeitig erkennen und somit potenziellen Schaden abwenden kann, spielt eine enorme Rolle. Auch aus unserem alltäglichen Leben kennen wir Frühwarnsysteme – wie etwa aus dem Straßenverkehr oder der Meteorologie. Die Gabe der Unterscheidungen der Geister lässt sich als eine Art Frühwarnsystem auf geistlicher Ebene beschreiben. Aus meiner Sicht ist sie für die Gemeinde unabdinglich. Dennoch wird sie selten praktiziert – vielleicht auch deshalb, weil sie leicht anfällig für Missbrauch ist.

Das im Neuen Testament verwendete griechische Wort für „Unterscheidung“ lautet *diakrisis* (1Kor 12,10). Es kann auch mit „Trennung“, „Entscheidung“ oder „Beurteilung“ übersetzt werden. Paulus verwendet diesen Begriff häufig im ersten Korintherbrief. Eine sehr bekannte Stelle findet sich im Zusammenhang mit den Einsetzungsworten des Abendmahls. Der Apostel weist dort gewisse Geschwister zurecht, die nicht in der Lage waren, den Leib Christi richtig zu beurteilen und ihn für eine normale Mahlzeit hielten (1Kor 11,29). Der Text zeigt, dass Unterscheiden bedeutet, etwas differenziert zu betrachten, dann zu prüfen und schließlich ein Urteil darüber zu fällen. Eine solche Aufgabe bringt eine hohe Verantwortung mit sich.

Dabei sei darauf hingewiesen, dass dieses Prüfen im Rahmen der Charisma der Unterscheidungen nicht gleichzusetzen ist mit der Beurteilung des Dienstes in den Geistesgaben selbst. Zwar soll auch der Dienst in den Geistesgaben (z. B. die Prophetie) geprüft werden (1Kor 14,29; 1Thess 5,21). Doch geht es bei dem Charisma der Unterscheidungen meines Erachtens um das Prüfen von Geistern und nicht von Geistesgaben (wenn auch viele versuchen, den Plural im Wort Unterscheidungen in der beschriebenen Weise zu deuten). Gewiss ist es sehr vorteilhaft, wenn Geschwister, die zum Beispiel Prophetien beurteilen, auch über die Gabe der Geisterunterscheidung verfügen. Doch geht es hier um mehr: Ziel ist es nicht nur, zu beurteilen, ob etwas vom Heiligen Geist oder vom Menschen in eigener Regie weitergegeben wird, sondern, ob sich noch andere Geister mitteilen. Denn Fakt ist: Nicht alles Übernatürliche kommt von Gott. Es gibt die Realität böser Geister. Die Bibel verschweigt sie nicht und verwendet für sie dasselbe Wort wie für menschliche Geister oder den göttlichen Geist: *Pneuma.* Pneuma kann für alle übernatürlichen Wesen, wie auch für das menschliche Innenleben stehen.

Im NT als Geist (Pneuma) bezeichnet
Der Heilige Geist
Der Geist des Menschen (z. B. Mt 26,41; 1Kor 2,11)
Gute Engel (z. B. Hebr 1,14)
Dämonen oder böse Geister (z. B. Mt 8,16; Apg 19,16)
Fürsten, Gewaltige, Weltbeherrscher (Eph 6,12)

Der Satan wird im Neuen Testament nicht explizit als Geist bezeichnet, allerdings lässt er sich ohne Frage zu den geistlichen Wesen hinzuzählen und wurde auch als solches verstanden.

Mächte der Finsternis haben Kraft, herrschen im Verborgenen und bringen sogar Wunder hervor. Jesus und seine Jünger waren oft mit bösen Geistern konfrontiert, die in und durch andere Menschen wirkten. Es gibt viele derartige Begebenheiten im Neuen Testament, die wir betrachten könnten, allerdings ist dieses Thema nicht der Schwerpunkt des Buches. Ich möchte daher lediglich ein bemerkenswertes Erlebnis von Paulus aufgreifen: Als er mit seinen Mitarbeitern in Philippi unterwegs war, lief ihnen tagelang eine Wahrsagerin hinterher und schrie: „Diese Männer sind Knechte des Höchsten, die das Heil verkündigen." Ihre Worte waren zwar völlig richtig, doch Paulus erkannte den Wahrsagegeist in der Frau und befahl ihm, sie zu verlassen (Apg 16,16-18). Sie wurde auf der Stelle frei.

Scheinbar hatte der Heilige Geist ein Warnsystem in dem Apostel aktiviert und obwohl die Frau im Grunde keiner Lügenrede bezichtigt werden konnte, hatte Paulus doch gute Gründe, sie zum Schweigen zu bringen. Zwar verursachte er dadurch einen wirtschaftlichen Schaden bei den Gebietern der Frau, die mit der Wahrsagerei ihr Geld verdienten, und wurde mit Silas dafür bestraft. Doch war dies letztlich das geringere Übel: Sehr wahrscheinlich bewahrte er die frühe Kirche damit vor weiteren Schäden. Denn hätte er das Wort dieser Frau anerkannt – wogegen auf den ersten Blick nichts sprach – wären ihr als Wahrsagerin womöglich weitere Türen in christliche Kreise geöffnet worden. Die meisten Zuhörer hätten das Trojanische Pferd womöglich nicht erkannt, wenn diese Frau in einer Kirche aufgetreten wäre und dieselben Worte weitergegeben hätte. Außerdem war Paulus durch das Prüfen der Geister und sein beherztes Handeln in der Lage, die Frau zurechtzubringen und ihr dadurch zu helfen. Er entlarvte den bösen Geist und legte so die täuschend echte Tarnung des Feindes offen. Und er stellte klar, dass Gott allein die Ehre bekommen müsste – nicht der Satan und seine Dämonen.

Paulus kann uns hierin ein großes Vorbild sein: Bei aller Sensibilität für die Machenschaften der Finsternis lege ich deshalb großen Wert darauf, dass wir beim Dienst in den Geistesgaben den Blick auf den Sieg Jesu am Kreuz richten. Ihm allein gebührt die Ehre. Vor einiger

Zeit sprach ich eine Person an, die nach meinem Dafürhalten die Macht des Bösen übermäßig in den Mittelpunkt stellte. Ich sagte zu ihr: „Du gibst dem Feind zu viel Aufmerksamkeit. Das ist zu viel Ehre für ihn – Ehre, die er nicht verdient! Konzentriere dich auf die Möglichkeiten Gottes und nicht auf den Kampf.“ Wir leben und dienen im Horizont des Sieges Gottes. Gewiss stehen wir als Christen dabei auch in einem Kampf (Eph 6,12), aber als Nachfolger Jesu Christi sind wir auf der Seite der Gewinner. Es hilft uns daher nicht sonderlich, wenn wir uns allzu viel mit der Verliererseite befassen.

Fassen wir zusammen: Wer in der Kraft des Heiligen Geistes in der Gabe der Geisterunterscheidungen dient, soll prüfen und erkennen, ob hinter dem Wort, dem Verhalten oder dem Motiv eines Menschen wirklich Gott steht oder nicht. Die Unterscheidung kann anhand folgender Kriterien geschehen:

- Wird Gott verherrlicht?
- Wird Jesus und sein Erlösungswerk groß gemacht?
- Wird das Wort Gottes bestätigt?
- Wird die Gemeinde erbaut?
- Wird der Einzelne näher zu Gott gebracht?

Ein Mensch, der mit dem Heiligen Geist in dieser Gabe der Unterscheidungen wirken möchte, braucht ein hohes Maß an geistlicher Reife und ein tiefes Verständnis des Wortes Gottes. Als Maßstab zur Prüfung gilt ihm nicht sein eigenes Gefühl, die persönliche Meinung oder der individuelle Geschmack. Maßgeblich ist das, was Gott in der Heiligen Schrift sagt oder durch seinen Geist offenbart. Wer zur Unterscheidung der Geister von Gott gebraucht werden will, sollte auch die Bereitschaft mitbringen, sich mit anderen Begabten auszutauschen und sich Feedback geben zu lassen. Ein Handeln im Alleingang ist hier fehl am Platz. Niemand von uns kann behaupten, der einzige zu sein, der die rechte Einsicht in alle Zusammenhänge besitzt. Das zu glauben, ist bereits der erste Trugschluss. Außerdem benötigt ein jeder, der in der Gabe der Unterscheidungen dient, ein Bewusstsein dafür, dass

Beurteilen und Verurteilen nah beieinander liegen. Gott verleiht seine Charismen nicht, damit wir uns über unsere Geschwister erheben und andere diskreditieren können. Er verfolgt mit seinen Gaben gute Absichten. So möchte er uns auch mit der Gabe der Geisterunterscheidungen segnen und seine Gemeinde aufbauen.

Das Gesamtzeugnis der Bibel führt uns die Realität der geistlichen Welt und somit auch das böse Treiben Satans vor Augen. Er und seine Dämonen wollen aus der Finsternis in das Leben von Menschen eingreifen und Zerstörung bewirken. Doch wer Jesus Christus sein Leben gegeben hat und mit ihm geht, steht auf der Siegerseite in diesem Kampf, denn Gottes Sohn hat die Werke des Satans zunichte gemacht (1Joh 3,8). Durch seinen Tod am Kreuz hat er den Teufel entmachtet und möchte alle Geknechteten befreien (Hebr 2,14f.). Die Gabe der Unterscheidungen der Geister trägt dazu bei, dass das Licht weiterhin über die Finsternis siegt.

Nicht immer ist sofort erkennbar, ob wir es mit dem Reich des Lichts oder der Finsternis zu tun haben, denn der Teufel gibt sich gerne als Engel des Lichts aus (Mt 24,24; 2Kor 11,14). Er ist der Meister der Täuschung. Daher benötigen Kirchengemeinden Menschen, die mit der Gabe der Unterscheidungen dienen. Für das Prüfen von Geistern bedarf es Erfahrung und Reife im Glauben (Hebr 5,14). Ausnahmen bestätigen auch hier die Regel, doch gilt, dass geistliche Angelegenheiten geistlich beurteilt werden müssen. Daher sollte auch geistliches Verständnis vorhanden sein. Es geht nicht darum, ein gefühlsbasiertes Blitzurteil zu fällen, sondern nach einigen Schritten des Prüfens und Abwägens zu einer fundierten Entscheidung zu gelangen. Wie ein solcher Prozess aussehen kann, möchte ich im Folgenden an einem praktischen Beispiel zeigen:

4 Phasen des Prüfens

Nehmen wir einmal an, du stehst in einer konkreten Situation vor der Herausforderung, mit der Gabe der Unterscheidungen zu dienen. Dann kann der Prozess des Prüfens folgende vier Phasen durchlaufen:

1. Unruhe

Zunächst fällt dir auf, dass irgendetwas nicht stimmt. In dir steigt ein gewisses Unbehagen auf. Vielleicht hast du ein Bild vor Augen oder einen Eindruck. Womöglich nimmst du auch einen Impuls wahr. Auf jeden Fall erscheint etwas auf deinem geistlichen Radarschirm (Beispiel: Apg 5,3). Der Auftrag, die Geister zu prüfen (1Joh 4,1), wird dir bewusst. Du reagierst auf die innere Unruhe und wirst aufmerksam.

2. Abwägen

Nun fragst du in dich hinein: „Spüre ich hier eine persönliche Empfindung oder will der Geist Gottes mich tatsächlich auf etwas aufmerksam machen?“ Ein Prozess des inneren Abwägens findet statt. An dieser Stelle ist allerdings auch Vorsicht geboten, denn nur weil etwas ungewohnt für dich ist, heißt das nicht, dass ein böser Geist aktiv ist. Auch Gottes Wirken kann uns manchmal merkwürdig erscheinen. Er steht über unseren Gewohnheiten, ist erhaben über das, was uns sympathisch oder unserer Meinung nach angemessen ist. Einmal kam Jesus über das Wasser laufend zu seinen Jüngern im Boot. Kein Wunder, dass ihnen dieses Vorkommnis äußerst ungewöhnlich vorkam. Sie hielten Jesus sogar für ein Gespenst (Mt 14,26), doch er rief ihnen zu, sie sollten sich nicht fürchten! Wie die Jünger dürfen wir uns also nicht fälschlicherweise von Gottes Handeln irritieren lassen.

3. Gewissheit

Nachdem du nun genau hingehört und die Situation anhand des Wortes Gottes geprüft hast, gelangst du zu einer inneren Gewissheit. Wichtig ist also, dass dein Ergebnis in den Deutungsrahmen der Heiligen Schrift eingebettet ist. Wenn möglich, stimmst du dich auch mit geistlichen Leitern oder anderen Christen ab, die anwesend sind.

Dies bewahrt dich vor einem unsicheren Alleingang. Die dadurch gewonnene Klarheit gibt dir jetzt die nötige Festigkeit, um zu agieren.

4. Konfrontation

Du konfrontierst den Geist und bringst ihn ans Licht. Dabei kommt es sehr darauf an, *wie* du vorgehst: Die Wahrheit soll stets in Liebe gesagt werden (Eph 4,15). Außerdem geht es nicht darum, dass Manifestationen oder der böse Geist selbst in den Mittelpunkt rücken. Einzig wichtig ist die Absicht Gottes, durch die Gabe zu ermutigen und zu ermahnen. Betroffene Menschen dürfen dabei nicht bloßgestellt werden. Ziel ist es, sie zu gewinnen und zurechtzubringen.

Die Gabe der Unterscheidungen der Geister dient also nicht der wahllosen Beurteilung von Situationen und Menschen. Es geht darum, die Werke des Bösen ans Licht zu bringen, damit Gott alle Ehre bekommt und die Gemeinde Gottes auferbaut wird. Gerade in unserer Zeit, in der ein großes Interesse an spiritistischen und okkulten Mächten besteht, benötigen wir die Gabe der Geisterunterscheidungen umso dringlicher. Den meisten Menschen in unserem gesellschaftlichen Umfeld ist dieser Teil der unsichtbaren Welt jedoch fremd. Oft führt die weit verbreitete Unwissenheit darüber letztlich dazu, dass diese Seite völlig ausgeblendet wird. Als Christen sind wir Teil der Gesellschaft und stehen in der Gefahr, unwissentlich auch ihre Paradigmen und Denkmuster zu übernehmen. Daher fordert Paulus die Römer auch dazu auf, ihr Denken zu erneuern (Röm 12,2). In diesem Sinne möchte ich meine Leser dazu ermutigen, sich dieser Realität der feindlichen Welt bewusst zu werden. Wir dürfen uns kühn danach ausstrecken, Teil von Gottes geistlichem „Wachdienst“ zu werden und mit Weisheit und Gottvertrauen schützen, was Gott liebt.

9 Kraftgaben

9.1 Die Gabe des Glaubens

In diesem neuen Kapitel wollen wir uns nun der Reihe nach den drei Kraftgaben näher zuwenden, wie Paulus sie in 1Kor 12 nennt: der Gabe des Glaubens, den Gaben der Heilungen und der Gabe der Kraftwirkungen. Bevor wir jedoch mit der Gabe des Glaubens konkret beginnen, ist es hilfreich, einen Blick auf eine knappe Studie zu werfen, die aufzeigt, in welchen Facetten die Bibel vom *Glauben* spricht. Auf diese Weise wollen wir uns einen besseren Zugang zu dem Begriff verschaffen, der den meisten von uns sicher geläufig ist, aber möglicherweise auch abstrakt oder inhaltsleer erscheint.

Als Hauptbegriff für Glauben wird im Alten Testament das hebräische *aman* verwendet. Darauf geht auch das uns so vertraute Wort „Amen" zurück, das so viel bedeutet wie „Es steht fest" oder „So ist es". Wörtlich bedeutet *aman* „sich festmachen". In 1Mo 15,6 heißt es zum Beispiel: „Abram glaubte dem Herrn und das rechnete er ihm zur Gerechtigkeit." Wir könnten hier auch übersetzen: „Abram *machte sich fest* im Herrn..." Das gilt für viele weitere zentrale Stellen aus dem Alten Testament, die vom Glauben sprechen (2Mo 4,1-9; Ps 13,6; Spr 16,20; Jes 28,16 u. v. m.). Ich muss bei dieser Wortbedeutung im Alten Testament häufig an einen Bergsteiger denken, der sich mit einem Karabinerhaken im Felsen verankert. Damit ist er gesichert, auch wenn er einmal ausrutschen oder fallen sollte.

Im Neuen Testament steht als zentraler Begriff für den Glauben das griechische Wort *pistis*. Er hat die Grundbedeutung „Vertrauen". In erster Linie ist bei diesem Wort also an Beziehung gedacht, nicht an Erkenntnis. Dennoch betrifft Glaube *(pistis)* im klassischen Griechisch auch den Intellekt. Beide Aspekte werden betont: Sowohl das eher emotionale Vertrauen als auch das mehr rationale Für-wahr-Halten.

Daher darf die Predigt des Evangeliums auch beides ansprechen: Gefühle und Verstand!

Halten wir zunächst fest, dass der Glaube in der Bibel erst einmal eine Haltung des Vertrauens gegenüber Gott meint. Er beschreibt die Beziehung eines Menschen zu Gott, die sowohl auf Vertrauen als auch auf Nachdenken gegründet ist. Der Glaube gibt Stabilität, weil er sich an Gott und seinem Wort „festmacht". Im Neuen Testament entfaltet sich Glaube in drei zusätzlichen Dimensionen, wobei der Heilige Geist in jeder von ihnen eine entscheidende Rolle spielt:

1. Der Glaube als Überführung des Heiligen Geistes

Durch das Hören des Wortes Gottes kann ein Mensch zum Glauben kommen (Röm 10,17; 1Kor 15,2.11; Eph 1,13; 1Thess 2,13). Wer der auf Christi Tod und Auferstehung gegründeten Heilsbotschaft vertraut, empfängt sowohl die Vergebung der Sünden als auch die Verheißung des ewigen Lebens (Joh 3,16-18; Röm 1,17; 6,8; 10,9; 1Kor 15,3-17). Dies ist der Glaube, der rettet. Der Mensch leistet hier nichts, sondern nimmt das bereits vollendete Werk Christi an.

Wie zuvor bereits angedeutet, ist dieses Geschehen ein Werk des Heiligen Geistes: Er bevollmächtigt den Prediger, offenbart den Inhalt der Verkündigung, überführt den Hörer von Sünde, Gerechtigkeit und Gericht und nimmt schließlich Wohnung im Glaubenden.

2. Der Glaube als Frucht des Heiligen Geistes

Die Bibel spricht aber nicht nur davon, dass Menschen gläubig *werden*, sondern auch vom Gläubig*sein*. Ob der Glaube lebendig ist, zeigt sich jedoch nicht nur in den Worten, sondern vor allem auch an den Taten (Tit 3,8; Jak 1,22; 2,17). Gläubigsein ist kein statischer Zustand, sondern ein dynamischer Lebenswandel. Als ich in die sowjetische Luftwaffe einberufen wurde, sagte der Major zu mir: „Soldat Justus, mir sind schon einige begegnet, die von ihrem christlichen Glauben *geredet* haben. Ich werde beobachten, ob Sie wirklich danach *handeln*."

Ähnlich wie mein alter Major bin ich davon überzeugt, dass echter Glaube immer sichtbar wird. Er ist kein Titel, der jemandem verliehen wird, aber ohne Auswirkungen auf das Leben der Person bleibt. Aber auch die sichtbaren Zeichen des Glaubens sollen nicht aus eigener Anstrengung hervorgebracht werden, sondern aus der Kraft des Heiligen Geistes. Ein Baum kann vielleicht auch am Rascheln seiner Blätter erkannt werden, aber noch viel besser an seiner Frucht. So ist der sichtbare Glaube im Leben eines Christen eine Frucht des Heiligen Geistes (Gal 5,5). Im Galaterbrief wird das griechische Wort *pistis* meistens mit „Treue" übersetzt, denn Treue ist gelebtes Vertrauen.

Nach meiner Beobachtung sind manche Christen ziemlich stark darin, ihren Glauben zu bekennen, aber leider eher schwach bei der Umsetzung. Doch der Glaube soll praktisch werden. Er will uns prägen, korrigieren, verändern, motivieren, entwickeln u. v. a. m.

Wenn ich meiner Frau sage, dass ich sie liebe, allerdings keine Liebestaten folgen lasse, wird mein Bekenntnis wenig glaubhaft sein. Was bringen ihr schöne Worte, die nicht im Alltag spürbar für sie werden? So verfehlt auch ein Glaube ohne Frucht sein Ziel. Er soll nicht nur Lippenbekenntnis sein, sondern gelebte Tat.

3. Der Glaube als Charisma des Heiligen Geistes

Schließlich finden wir in der Bibel den Glauben als Geistesgabe (1Kor 12,9). Dieser Glaube unterscheidet sich von den bereits genannten Arten, sodass ihn viele Autoren auch als speziellen Glauben bezeichnen. Wie die anderen Charismen des Heiligen Geistes, die wir bisher behandelt haben, wird auch diese Gabe punktuell und situativ durch den Heiligen Geist gewirkt. Und auch hier sei bemerkt, dass kein Mensch einen derartigen Glauben selbst hervorbringen kann. Der Heilige Geist muss ihn bewirken. Es stellt sich jedoch die Frage, wofür die spezielle Gabe des Glaubens überhaupt noch nötig ist, wenn der Mensch schon durch Glauben errettet wurde und die Frucht des Heiligen Geistes beständig zunimmt in seinem Leben. Um diesen Zusammenhang zu erläutern, möchte ich auf einen bemerkenswerten Aspekt zur Gabe des Glaubens hinweisen, der im folgenden Kapitel (1Kor 13,2) deutlich wird (meiner Meinung nach spricht Paulus dort auch über den

Glauben als Geistesgabe). Der Apostel charakterisiert hier den Glauben offensichtlich als eine Gabe, die das Potenzial hat, Berge zu versetzen.

> *Und wenn ich prophetisch reden könnte und wüsste alle Geheimnisse und alle Erkenntnis und hätte allen Glauben, sodass ich Berge versetzen könnte, und hätte die Liebe nicht, so wäre ich nichts. (1Kor 13,2)*

Auch Jesus spricht über den Berge versetzenden Glauben (z. B. Mt 21,21; Mk 11,23). Scheinbar befähigt der Heilige Geist einen Menschen durch dieses Charisma dazu, Berge sprichwörtlich ins Meer zu werfen – also Hindernisse aus dem Weg zu räumen. Es geht also nicht darum, die schönen Alpen von der Bildfläche verschwinden zu lassen, sondern im übertragenen Sinne Blockaden und Schwierigkeiten zu überwinden. Der Geist wirkt durch diese Gabe einen bahnbrechenden Glauben: ein unerschütterliches Vertrauen in die wirksame Kraft Gottes und ein festes Rechnen mit seinem Eingreifen. Diese Gabe kommt zum Einsatz, wenn wir nicht weiter können, weil uns nach allen Seiten der Weg versperrt ist. Gründe können unter anderem Konflikte im privaten Alltag oder im Gemeindeleben sein, Herausforderungen am Arbeitsplatz, finanzielle Nöte, Krankheiten und aussichtslose Situationen, wenn eine Heilung unwahrscheinlich ist. Die Gabe des Glaubens kann sich aber auch im Bezug auf das Reich Gottes als segensreich erweisen: Zum Beispiel wenn wir herausgefordert sind, Ängste und Zweifel zu überwinden und eine besondere Initiative zu ergreifen, wie etwa eine Gemeindegründung an einem unbekannten Ort; oder wenn in der Gemeinde Mut und Motivation für ein großes Projekt nötig ist (Apg 27,25).

In der Bibel taucht diese besondere Art des Glaubens an verschiedenen Stellen auf. Jakobus schreibt davon, dass das Gebet des Glaubens den Kranken retten wird. In diesem Zusammenhang erwähnt er den Propheten Elia: Er sei ein Mensch gewesen wie wir. Doch weil er in einer konkreten Situation voller Glauben gebetet habe, sei sein Gebet erhört worden (Jak 5,15-17). Auch Petrus trat einst voller Glauben für die bereits verstorbene Tabita ein. Gott erhörte sein Gebet und machte sie wieder lebendig (Apg 9,40). Diese Art des Glaubens erscheint generell häufig nach Pfingsten in der Apostelgeschichte.

Auch wir kennen Situationen, in denen sich Berge vor uns auftürmen. Doch wenn der Geist Gottes die Gabe des Glaubens in uns wirkt, werden wir fähig, diese Berge zu versetzen. Aber Achtung: Wir können diesen Glauben nicht einfach erzeugen, wir müssen ihn empfangen. Es handelt sich dabei auch nicht um eine Form positiven Denkens oder dergleichen. Vielmehr sind es die von Gott vorbereiteten Werke, in denen wir wandeln sollen (Eph 2,10). Und wen der Geist Gottes bevollmächtigt, den beauftragt er auch und erwartet dann eine Reaktion des Gehorsams.

Vor vielen Jahren kam eine Person nach dem Gottesdienst auf mich zu. In meinem Geist nahm ich einen unangenehmen Verwesungsgeruch wahr. Damit kein Missverständnis entsteht: Der Geruch ging nicht von der Person aus, sondern war wortwörlich von „über-sinnlicher" Art. In diesem Moment stieg ein übernatürlicher Glaube in mir auf. Ich merkte, dass der Heilige Geist am Wirken war. Ohne dass ich von der Situation der Person wusste und richtig verstand, worum es ging, sprach ich ihr den Text aus Psalm 118,17 zu: „Du wirst nicht sterben, sondern leben und die Taten des Herrn verkündigen." Tief bewegt erzählte sie mir dann, eine ärztliche Diagnose hätte ihr bescheinigt, sie werde nicht mehr lange leben. Doch jetzt war sie auf jemanden getroffen, der in der Gabe des Glaubens wandelte. Das veränderte alles. Ich habe diesen Glauben nicht selbst erzeugt, sondern aus der Hand Gottes empfangen. Er lässt seinen Geist wehen, wo und wie er will. Schon manches Mal zuvor hatte ich ängstlich gezögert, aber in dieser Situation sprach ich mutig das aus, was ich in meinem Geist wahrgenommen hatte. Und: Diese Person lebt noch heute und ist nach meinen Kenntnissen gesund.

Auf meinem Weg mit der Gabe des Glaubens musste ich auch lernen, dass mich mein persönliches Befinden täuschen kann. In manchen Situationen fühle ich mich glaubensstark, doch es geschieht nichts. Ein anderes Mal fühle ich mich schwach, doch Gott wirkt mächtig. Nicht mein Gefühl bestimmt die Realität, sondern der Geist Gottes. Der Glaube, den er gibt, kann winzig sein wie ein Senfkorn, und dennoch Großes bewirken (Mt 17,20). Vielleicht könnte man es so formulieren:

Unser Problem ist nicht, dass unser Glaube zu klein ist, sondern unser Unglaube zu groß! Denn durch Misstrauen und Zweifel behindern wir das Werk des Heiligen Geistes. Jesus hat seine Jünger oft wegen ihres Unglaubens kritisiert. Daher würde ich sagen: Es ist unsere Aufgabe, den Unglauben zu beseitigen. Aber es ist Gottes Part, uns mit der Gabe des Glaubens zu beschenken!

Georg Müller soll sein Waisenhaus mit wenigen Pennys begonnen haben. In der Zeit, in der er sein Waisenhaus führte, war das Geld immer sehr knapp, sodass er zeitweise nahezu gar nichts mehr übrig hatte. Dennoch war die finanzielle Situation für ihn nie ein Grund zur Sorge. Er schaute immer wieder zum Herrn auf und es fand sich stets eine Lösung, obwohl er nie einen Spendenaufruf tätigte. Durch Georg Müllers Dienst im Glauben wurden mehrere Tausend Waisenkinder versorgt. Seine Arbeit konnte ohne ihn jedoch nicht in gleicher Weise fortgeführt werden, denn Glaube lässt sich nicht vererben.

9.2 Gaben der Heilungen

Nach keiner Gabe strecken sich Christen so sehr aus wie nach der Gabe der Heilung. Das ist zumindest meine persönliche Beobachtung. Angesichts der Tatsache, dass nahezu jeder Mensch am eigenen Leib oder in seinem Umfeld Erfahrungen mit Krankheit und Schmerz macht, scheint dies auch wenig verwunderlich.

Was bei der Aufzählung dieser Gabe in 1Kor 12,9 zunächst auffällt, ist der doppelte Plural, der in der Bezeichnung verwendet wird. Paulus spricht nicht von einer „Gnadengabe der Heilung“, sondern von „Gnadengaben der Heilungen“. Es existiert übrigens auch sonst kein Text im Neuen Testament, der davon spricht, dass jemand die Gabe der Heilung hätte. Daran wird deutlich, dass es nicht *eine* klar definierbare Heilungsgabe gibt. Stattdessen sind es Heilungsgaben, die sich ganz offensichtlich auf vielfältige Weise und mit unterschiedlicher Intensität auswirken können. Zudem sind diese nicht Eigentum der Person, sodass ein Christ sie jederzeit abrufen könnte, um Kranke nach eigenem Belieben gesund zu machen. Es ist Gott, der diese Gaben zuteilt und aktiviert, so wie er es will. Der Geistbegabte steht also – wie auch bei den anderen Charismen – in direkter Abhängigkeit vom Heiligen Geist. Die Gaben der Heilungen sind als verschiedene Arten geistlicher Medizin zu verstehen, die Gottes Diener an die Notleidenden weitergeben, wie zum Beispiel Petrus an den Gelähmten in Apg 3,6f.:

> *Petrus aber sprach: Silber und Gold habe ich nicht; was ich aber habe, das gebe ich dir: Im Namen Jesu Christi von Nazareth steh auf und geh umher! Und er ergriff ihn bei der rechten Hand und richtete ihn auf. Sogleich wurden seine Füße und Knöchel fest.*

Grundlage für die Anwendung dieser Heilungsgaben ist die Situation, in die wir als Christen gestellt sind: Einerseits leben wir in einer gefallenen Welt, die nicht vollkommen ist und deshalb mit Krankheit zu kämpfen hat. Andererseits will Gott durch seine Kraft in diese Welt hineinwirken und Heilung schenken. Das Gesamtzeugnis der Heiligen Schrift ist eindeutig: Unser Schöpfer möchte, dass es uns gut geht. Er hat Interesse an unserem allumfassenden Wohlsein (Ps 41,4; Hes 34,16). Daher heißt es auch:

> *Denn ich bin der Herr, der euch heilt. (2Mo 15,26)*

Dazu sei an dieser Stelle eine wichtige Bemerkung erlaubt, damit es nicht zu Missverständnissen kommt: Nur weil Gott grundsätzlich möchte, dass wir Menschen heil sind, bedeutet das nicht automatisch, dass jemand deshalb krank ist, weil er sich von Gott und seinem Willen entfernt hat. Solche Hypothesen entstehen, weil der Mensch nun einmal dazu neigt, für alles, was ihm widerfährt, nach Ursachen und Zusammenhängen zu suchen. Nichts geschieht schließlich ohne Grund. Aber stimmen unsere selbstgefundenen Erklärungen tatsächlich mit der Wirklichkeit überein? Bei Krankheiten sind einige Menschen schnell versucht, die Ursache bei sich selbst zu suchen. Manche glauben, dass sie nicht im Willen des Herrn leben und dies der Grund für ihr Leiden ist. Und tatsächlich spricht die Bibel davon, dass Sünden und Fehlverhalten zu Krankheit führen können (1Kor 11,30; Jak 5,15). Doch lässt sich daraus nicht der Umkehrschluss ziehen, dass ein Christ, der im Gehorsam gegenüber Gott lebt, automatisch gesund ist. Nicht wenige Gemeinden haben dies in der Vergangenheit zwar so behauptet, doch ein simpler Heilungsautomatismus für jeden, der gläubig ist, entspricht weder dem Zeugnis der Bibel, noch den Erfahrungen des Lebens: Ein Christ kann im Zentrum von Gottes Willen leben und dennoch krank sein.

Ich selbst bete seit vielen Jahren entschlossen und mutig für Kranke. Schon oft habe ich erlebt, dass Gott Menschen geheilt hat. Doch wie bereits erwähnt leide ich selbst seit vielen Jahren an Allergien. Diese Reaktionen meines Körpers haben natürliche Gründe, wie die meisten Krankheiten auch. Sie entstehen aufgrund vielfacher äußerer Umstände und werden auf Erden Bestandteil allen menschlichen Lebens bleiben. Den Gläubigen ist jedoch die Verwandlung ihres Leibes in einen neuen Auferstehungsleib verheißen (z. B. 1Kor 15,35-52). Dann werden sich die Gegebenheiten grundlegend ändern.

Doch kommen wir nach diesem kurzen Exkurs zurück zu den biblischen Betrachtungen über das Wirken Gottes zur Heilung des Menschen. Die Aussagen des Alten Testamentes, in dem sich der Schöpfer als Heiler offenbart, erfahren im Neuen Testament mit Jesus Christus eine nochmalige Steigerung: Zentraler Bestandteil seiner Mission ist es offenbar, Kranke gesund zu machen. Meiner Meinung nach bezieht sich dieser Auftrag nicht einseitig auf körperliche Gebrechen, aber genauso wenig betrifft er nur seelische Krankheiten. Jesus sucht das umfassende Wohl des Menschen und möchte ihn in jedem Lebensbereich wiederherstellen.

Nicht die Gesunden bedürfen des Arztes, sondern die Kranken. (Mt 9,12)

Der Geist des Herrn ruht auf mir; denn er hat mich gesalbt. Er hat mich gesandt, damit ich den Armen eine frohe Botschaft bringe; damit ich den Gefangenen die Entlassung verkünde und den Blinden das Augenlicht; damit ich die Zerschlagenen in Freiheit setze. (Lk 4,18)

Schließlich führt Jesus Gottes Heilshandeln zu einem Höhepunkt, indem er den Auftrag für Kranke zu beten an seine Jünger weitergibt. Daran wird deutlich, dass es trotz seines Erlösungswerkes am Kreuz weiterhin leidende Menschen geben wird, für die sich aber diverse Möglichkeiten eröffnen, gesund zu werden: Durch den Dienst der Jünger sollen auch fortan Menschen geheilt werden (Mk 16,18; Lk 10,9; Jak 5,14f.).

Die Heilungsabsicht Gottes zieht sich wie ein roter Faden durch die gesamte Schrift. Sie bildet die Grundlage dafür, dass wir für Kranke beten, und veranlasst Gott, durch seinen Geist die dafür nötigen Charismen auszuteilen. Durch die geistgewirkten Heilungsgaben hat Gott eine Möglichkeit geschaffen, wie leidende Menschen gesund werden können. Das heißt aber nicht, dass dies immer der einzige und von Gott bevorzugte Weg ist.

Krankheit ist facettenreich – sowohl von ihren Ursachen her, als auch in ihren Auswirkungen. Der Hauptgrund, weshalb sie entsteht, ist wohl in der Tatsache zu finden, dass wir aufgrund der Ursünde in einer gefallenen und angefochtenen Welt leben. Die Begebenheit mit dem Blinden in Joh 9,1-3 macht uns aber deutlich, dass wir keine vorschnellen Urteile fällen sollten. Auf die Frage der Jünger, ob die Krankheit auf die Sünde des Blinden oder die Vergehen seiner Eltern zurückzuführen sei, antwortet Jesus:

Weder noch. Die Werke Gottes sollen an ihm offenbar werden. (Joh 9,3)

Die Vermutungen, die die Jünger anstellen, offenbaren, wie sie selbst als Kinder ihrer Kultur über Krankheiten gedacht haben. Entsprechend voreingenommen muss wohl auch das Verhalten der damaligen Menschen gegenüber Kranken gewesen sein. Obwohl einige Tausend Jahre vergangen und uns diese klärenden Worte Jesu überliefert sind, denken Christen heute oft noch ähnlich sündenzentriert, wenn es um die Leiden ihrer Mitmenschen geht. Doch Krankheit ist vielschichtig. Diese Tatsache wird bereits durch die unterschiedlichen biblischen Begriffe deutlich: Das griechische Wort *astheneia* bezeichnet Krankheit, Schwäche und Kraftlosigkeit verschiedenster Art und kann auch die Bedeutung von Vergänglichkeit haben (Lk 5,15; Apg 19,12; 1Kor 15,43). Auch *nosos* wird häufig verwendet und bezeichnet wahrscheinlich am ehesten eine durch einen Krankheitserreger ausgelöste körperliche

Krankheit (Mt 9,35; Mk 1,34). Das Wort *malakia* steht für Schwäche und Gebrechen (z. B. Mt 4,23), während das Wort *kamnoun* vor allem die seelische Ermüdung und Mattheit meint (Jak 5,15).

So vielfältig die Krankheiten und die zugrundeliegenden Ursachen sind, so zahlreich die Wege zur Genesung. Heilung wird in der Bibel nicht ausschließlich durch die Geistesgaben bewirkt. Wir finden in der Schrift noch folgende weitere Wege:

Ein Arzt – viele Wege zur Heilung
Abwehrmechanismen (Ps 139,13f.)
Speisevorschriften (3Mo 11,11ff.; Dan 1,15)
Heilkräfte durch Pflanzen (1Mo 1,11f.)
Natürliche Gabe des Heilberufs (1Petr 4,10)
Gottes Wort (Spr 4,20-23; Ps 107,20)
Sündenvergebung (1Joh 1,9; Ps 32,2-5)
Fürbitte (Mk 11,24; 16,17f.)
Abendmahl (1Kor 11,28-30)
Ölsalbung beim Ältestengebet (Jak 5,13-16)
Wunder, Schweißtücher, Schatten (Apg 5,15; 19;12; 1Kor 19,12)
Gaben der Heilungen (1Kor 12,9)

Etwa im Jahr 1997 erlebte meine Frau Irene einen körperlichen wie auch seelischen Zusammenbruch und geriet in eine schwere Erschöpfungsdepression. Wir haben sofort den Herrn gesucht und ihn wieder und wieder um Heilung angefleht. Freunde und Glaubensgeschwister innerhalb unserer Gemeinde und darüber hinaus machten sich im Gebet mit uns eins. Ich sehnte mich danach, Gottes Wirken durch eine Gabe der Heilung zu erleben. Doch schließlich mussten wir uns eingestehen, dass sich manche Krankheit nicht einfach wegbeten lässt und Heilung erst durch viele sich ergänzende Methoden und Wege zustande kommt. Irene musste also ihren Lebensrhythmus umstellen, so manche Gewohnheit verändern und ihre Ernährung anpassen. Sie war herausgefordert, Nein sagen zu lernen, und sich rechtzeitig Grenzen zu setzen. Es wurde mehr und mehr deutlich, dass nicht ein Angriff des Feindes für ihren Zustand verantwortlich gemacht werden konnte, sondern unser Lebenswandel diesen schweren Zusammenbruch mit verursacht hatte.

Meine Frau ist schließlich zur Kur gegangen, hat auf medizinische Hilfe zurückgegriffen, den Rat von Ärzten befolgt und Medikamente genommen. All diese Dinge haben dazu geführt, dass Irene ihren Weg zur Gesundung einschlagen konnte. Wie oft habe ich mir in dieser Zeit eine Spontanheilung gewünscht und Gott darum gebeten. Aber stattdessen wurde ich an den Bibelabschnitt aus Prediger 12 erinnert, in dem das Alt- und Schwachwerden beklagt wird. Ich musste lernen, dass all unsere Kraft, Erkenntnis und Weisheit nichts als Stückwerk ist. Letztendlich sind wir alle abhängig von Gott, der durch seinen Geist so wirkt, wie er es will – nicht so wie wir es erwarten.

Was außerdem ganz wesentlich zu Irenes Gesundung beigetragen hat, war, dass wir so viel geistliche und praktische Unterstützung von anderen Menschen erhielten wie nie zuvor. Unter anderem kam eine Dame aus der Gemeinde regelmäßig vorbei, um uns im Haushalt zu helfen. Als meine Frau zu klagen anhob: „Meine Seele singt nicht mehr. Mein Körper kann nicht mehr. Mein Glaube trägt nicht mehr", antworteten andere: „Wir singen jetzt für dich. Wir arbeiten jetzt für dich. Wir glauben jetzt für dich." Ich bin überzeugt, dass der Wert von Zusammenhalt und Gemeinschaft unterschätzt wird, wenn es darum geht, die Leiden von Menschen zu lindern (1Kor 12,26; Gal 6,2). Oftmals sind Menschen der verlängerte Arm Gottes, der Heilung wirkt.

Einmal suchte einer meiner Söhne mich auf und bat mich um Rat. Es ging um einige Personen in seinem Umfeld, die Hilfe brauchten. „Sie brauchen ein Wunder!", stellte er fest. Ich bestätigte seine Worte, hatte aber den Eindruck, dass ich noch etwas hinzufügen sollte: „Richtig. Sei du das Wunder." Er war sichtlich herausgefordert, doch verstand er, was nun zu tun war.

Ich wünsche mir, dass die Charismen der Heilungen viel öfter in unseren Gemeinden zum Zuge kommen. Doch ich weiß auch, dass wir durch eine einseitige Betonung der Geistesgaben auch in Schieflage geraten können. Deshalb dürfen wir auch die vielen unterschiedlichen Heilungswege in den Blick nehmen, die wir in der Bibel vorfinden. Dabei ist letztlich nicht die perfekte Methode entscheidend, sondern dass wir im Glauben und Vertrauen auf Gott Möglichkeiten suchen, Menschen Heil zu bringen. Die Beziehung zu ihm lässt uns Kraft und Weisheit schöpfen.

Dienen in den Gaben der Heilungen – zwölf Praxistipps

Nach einigen grundlegenden Betrachtungen zu Krankheiten und Wegen der Wiederherstellung, möchte ich nun zwölf praktische Empfehlungen an alle die weitergeben, die in einer Gnadengabe der Heilung dienen wollen.

1. Suche Gottes Nähe: Bevor Gott durch dich wirkt, möchte er an dir wirken. Deshalb pflege deine Beziehung zu Gott und lass dich von ihm prägen, formen und verwandeln. Wachse in der Erkenntnis seines Wortes und lass dich füllen mit seiner Kraft.
2. Strebe nach den Gnadengaben der Heilungen: Sage Gott konkret, dass du mit den Gaben der Heilungen beschenkt werden und darin dienen möchtest. Strecke dich aus nach diesem Segen, den Jesus seiner Gemeinde versprochen hat. Vergiss nicht – es geht nicht zuallererst um deine Person. Wie bei jeder anderen Gabe möchte Gott auch durch die Gnadengaben der Heilungen die Gemeinde aufbauen. Deshalb suche nach Situationen und Möglichkeiten zum Dienen. Sei kühn, aber versuche nicht krampfhaft aus eigener Kraft oder im Übermut, etwas zu bewirken. Ich betone nochmals: Gottes Geist teilt so aus, wie er will (1Kor 12,11).
3. Entwickle ein Gespür für Kranke: Jesus konnte Menschen in ihrer Not begegnen, weil er vom Leid der Menschen tief bewegt war. Wer Kranken dienen möchte, braucht Interesse, Mitgefühl und Verständnis für deren Anliegen.

Deshalb schärfe deinen Blick für die Lebenswelt der Leidenden und sei bereit dich auf ihre Situationen einzulassen.

4. Konzentriere dich nicht auf die Gebrechen, sondern auf den Menschen: Gott möchte nicht nur die Krankheiten heilen, er will die ganze Person wiederherstellen. Als ich einmal wegen Rückenbeschwerden zur Kur war, hat mir folgende Aussage eines Arztes gefallen: „Wir behandeln nicht die Krankheit, sondern den Menschen." Wenn du einer Person dienst, dann definiere sie nicht über ihre Gebrechen. Sieh den Menschen an, der vor dir ist.
5. Erzähle vom Evangelium: Gaben der Heilungen offenbaren sich oft im missionarischen Kontext. Das geht aus den Berichten der Bibel genauso hervor wie aus den Zeugnissen der vergangenen und gegenwärtigen Kirchengeschichte. Wo das Evangelium gepredigt wird, bestätigt Gott sein Wort oft durch Zeichen und Wunder (Apg 2,43; 3,3ff.; 14,3). Also verkünde die frohe Botschaft Menschen, die sie noch nicht gehört haben – und dann bete mutig für ihre Krankheiten!
6. Bete in Wort und Tat: Hilfreich kann bei einem Heilungsgebet nicht nur die klare, präzise Formulierung sein, sondern manchmal auch eine symbolische Handlung, wie etwa das Auflegen der Hände (Mk 16,18) – natürlich nur insofern es gewünscht ist.
7. Lasst dich nicht irritieren von deinen Wahrnehmungen oder Gedanken: Manchmal weiß ich genau, dass die Kraft Gottes gegenwärtig ist. Ein anderes Mal empfinde ich wiederum gar nichts oder hege sogar Zweifel und Menschen werden trotzdem angerührt. Wir sollten unabhängig von unseren Gefühlen für Kranke beten. Gottes Kraft ist da und er wirkt – ob wir es spüren oder nicht ist dabei nicht ausschlaggebend.
8. Lass dich führen vom Heiligen Geist: Höre auf die Stimme Gottes und sein Reden. Nimm seine Impulse wahr. Erlaube ihm, dich im Gebet zu leiten, denn es kommt nicht auf dich an, sondern auf ihn.
9. Ermutige Menschen zu einer weisen Lebensführung: Nach der Heilung des Kranken am Teich Bethesda sagte Jesus zu

ihm: „Sündige nicht mehr." (Joh 5,14) Wer gesund geworden ist, sollte anschließend auch so leben, dass er heil bleibt. Oftmals hat der Kranke sein miserables Befinden selbst mit verursacht. Genauso sollte er nun auch einen Beitrag zu seinem Gesundheitszustand leisten, indem er sein Leben weise führt.

10. Mach auf die verschiedenen Heilungswege aufmerksam: Gesundheit kann auf vielerlei Weise zustande kommen; unter anderem durch Sündenvergebung, unmittelbares Wirken der Kraft Gottes und Gebet, aber auch durch ärztliche Behandlung, Medikamente, gesunde Ernährung, ausreichend Bewegung und Ruhezeiten. Weise den Empfänger des Gebets darauf hin, damit er sich nicht nur auf einen Weg versteift. Bedenke außerdem, dass du kein Arzt bist, insofern du nicht eine einschlägige Ausbildung genossen hast. Sei also vorsichtig mit explizitem medizinischen Rat. Es liegt nicht in unserer Verantwortung, etwa über die Einnahme oder das Absetzen von Medikamenten zu entscheiden. Dafür sollte ein Spezialist konsultiert werden.
11. Motiviere dazu, Begleitung in Anspruch zu nehmen: Da Heilung ein Prozess sein kann, brauchen wir Menschen, die uns auf diesem Weg zur Seite stehen. Lege dem Kranken deshalb ans Herz, sich verbindlich einer christlichen Gemeinschaft anzuschließen. Es liegt Kraft darin, wenn Gläubige sich gegenseitig unterstützen (Gal 6,2).
12. Stärke das Gottvertrauen: Auch wenn nicht jedes Gebet einen sofortigen Unterschied erkennen lässt, sollte es doch Ermutigung, Zuversicht und Glauben bewirken. Richtet euren Blick im Gebet gemeinsam auf die Möglichkeiten und Verheißungen Gottes. Dann müssen Angst und Sorge weichen. Der Friede Gottes kann einen Menschen auch trotz Krankheit tief erfüllen und stärken.

Wie man für Kranke betet

Beim Gebet dürfen wir den Herrn einfach um Heilung bitten. Dabei geht es nicht um eine besondere Formel, sondern darum, dass der Beter schlicht aus seinem eigenen Herzen spricht. Die Erwartungen an die Heilung dürfen nüchtern sein. Es steht nicht geschrieben: „Des Gerechten Gebet vermag alles." Sondern es: „... vermag viel." (Jak 5,16) Letztlich ist Gott der Heiler und nicht wir. Diese Haltung bewahrt beide Seiten vor Glaubenskatastrophen. Gleichzeitig sollte uns diese gewisse Nüchternheit nicht dazu verleiten, gar nicht zu beten.

Im Markusevangelium heißt es, dass den Schwachen wohl werden wird, wenn die Nachfolger Jesu ihnen die Hände auflegen (Mk 16,18). Also sind wir auch dazu aufgerufen, dem Folge zu leisten.

Über die Ältesten der Gemeinde steht außerdem geschrieben, dass sie die Kranken mit Öl salben sollen (Jak 5,14). Ich wünsche mir, dass jeder Gläubige dieses Angebot für sich in Anspruch nimmt und die Ältesten zum Gebet zu sich ruft. Denn wenn Gott uns eine Zusage gibt, wird er sich darin auch als treu erweisen. Dass an dieser Stelle explizit diejenigen erwähnt werden, die der Gemeinde vorstehen, bedeutet aber nicht, dass es allen anderen untersagt ist, mit Öl zu salben. Auch diese Geste darf das Gebet begleiten.

Häufig werden die Gaben der Krankenheilung auch von der prophetischen Rede begleitet. Ich durfte das u. a. erleben, als der Heilige Geist zum ersten Mal mit einem Charisma der Heilung durch mich wirkte: Eine sterbenskranken Person, die nach ärztlicher Auskunft noch 14 Tage zu leben hatte, rief mich an und bat mich, zu ihr zu kommen. Ich sagte kurzfristig zu. Am Morgen des Besuchstages wachte ich auf mit der inneren Gewissheit, dass ich hingehen und zu der Person sagen sollte: „Sei los von der Krankheit und du sollst leben!" Ich erklärte ihr, ich würde einige Zeit in Zungen beten und ihr die Hände dabei auflegen. Das kannte sie zwar nicht, aber sie ließ es dennoch geschehen. Nach etwa einer viertel Stunde sprach ich ihr zu: „Du wirst leben!" Einige Zeit später traf ich sie wieder. Sie war völlig gesund und bereit, anderen Menschen von Jesus zu erzählen!

9.3 Die Gabe der Kraftwirkungen

Kommen wir nun zu dem dritten Charisma im Bunde der Kraftgaben: der „Gabe der Kraftwirkungen". Dem ein oder anderen von uns wird es möglicherweise eher schwerfallen, sich etwas Explizites unter diesen Kraftwirkungen vorzustellen. Manche Bibelübersetzungen geben den Begriff auch mit „Wirkungen von Wundern" wieder. Dadurch wird das Verständnis aber nicht unbedingt verbessert. Auch die hier von mir verwendete Bezeichnung als „Gabe der Kraftwirkungen" mag ein wenig irreführend sein – denn was uns im griechischen Grundtext schon bei den Gaben der Heilungen aufgefallen ist, stellen wir hier in 1Kor 12,10 erneut fest: Paulus verwendet einen doppelten Plural. Er spricht wörtlich von „Wirkungen von Kräften" (*energemeta dynameon*). Diese Bezeichnung klingt nicht danach, als ließe sich die Gabe exakt beschreiben, denn Wirkungen und Kräfte können bekanntlich vielfältig sein. Auch bei Paulus suchen wir vergeblich nach einer näheren inhaltlichen Beschreibung. Wir können also kaum greifen, was für eine Art der Wirkung hier genau gemeint ist. Dem ein oder anderen mag das nachteilig erscheinen, aber mir persönlich sagt diese Tatsache sehr zu: Paulus vermeidet es offenbar, die Gabe auf bestimmte Erscheinungsformen zu beschränken – zeigt sich doch die Kraft des Heiligen Geistes durchaus auf unterschiedliche Weise (1Kor 12,6). Einen statischen Katalog über die möglichen Wirkungen zu erstellen, würde ihrem Wesen somit gar nicht gerecht.

Auch wenn an anderer Stelle im Neuen Testament von Machttaten, Kraftwirkungen oder Wundern die Rede ist, bleibt meistens offen, was damit genau gemeint ist: In Apg 2,22 wird von Jesu Zeichen und Wundern berichtet – doch ohne nähere Erklärung. Dasselbe gilt für Röm 15,18f., wo Paulus über seinen eigenen Dienst spricht. Auch der Schreiber des Hebräerbriefs beschreibt ohne nähere Ausführungen schlicht und einfach diverse Wunder, die das Evangelium Jesu Christi bestätigen.

> *Auch Gott selbst hat dies bezeugt durch Zeichen und Wunder, durch Machttaten aller Art und Gaben des Heiligen Geistes, nach seinem Willen. (Hebr 2,4)*

Diese offenen Formulierungen laden uns dazu ein, in unserem Denken nicht engstirnig zu werden, sondern uns ein weites Herz zu bewahren. Denn wer eine vorgefasste Vorstellung von den Kraftwirkungen hat, lässt sie auch nur in begrenztem Umfang zu. Aber so wie das Leben mit seinen Herausforderungen mannigfaltig ist, sind es auch die „wundervollen" Antworten, die uns der Geist daraufhin erweisen will.

Eines lässt sich allerdings über die Gabe der Kraftwirkungen immer sagen – egal in welcher Form sie sich zeigen mag: Ihre Manifestationen gehen über das hinaus, was wir als normal und gewöhnlich bezeichnen würden. Diese Definition mag etwas trivial klingen, und doch trifft sie den essenziellen Kern: Was uns verwunderlich vorkommt, ist bei Gott Standard. Und was uns übernatürlich erscheint, ist für Gott ganz natürlich. Bei den Kraftwirkungen Gottes müssen wir also darauf vorbereitet sein, das Wirken Gottes – so ungewöhnlich es auch sein mag – zu erkennen und anzunehmen. Das zu betonen ist umso nötiger, als auch Christen für vieles, was ihnen nicht bekannt und vertraut ist, verschlossen zu sein scheinen. Doch das sollte nicht sein! Gott hat sich nun einmal entschlossen, auf wundersame Weise zu wirken: Wenn Jesus Wasser in Wein verwandelt oder einen jahrzehntelang Gelähmten augenblicklich gesund macht, dann ist das ein schöpferischer Akt, der für uns über das Normale und Gewöhnliche hinausgeht. Bete ich für einen Krebskranken und er erhält im selben Moment eine komplett neue, gesunde und reibungslos funktionierende Speiseröhre, haben wir es offenbar mit einem augenblicklichen Wunder zu tun, nicht mit einer prozesshaften Heilung.

Auch der Bericht in der Apg 5,12-15, nach dem die Kranken allein durch den Schatten von Petrus geheilt wurden, der auf sie fiel, geht weit über das Natürliche hinaus. Von den Machttaten des Apostels Paulus in Apg 19,11-12 wird sogar wortwörtlich gesagt, dass sie keine gewöhnlichen Machtaten waren:

Auch ungewöhnliche Machttaten tat Gott durch die Hand des Paulus. Sogar seine Schweißbinden und Tücher, die er auf der Haut getragen hatte, nahm man weg und legte sie den Kranken auf; da wichen die Krankheiten und die bösen Geister fuhren aus. (EUE)

Solche Befreiungstaten und selbst Totenauferweckungen (z. B. in Apg 20,7-12) sind ebenfalls zu erwähnen, wenn von Kraftwirkungen die Rede ist. Auch die Entrückung des Philippus von Gaza nach Aschdod (Apg 8,39-40) wird als übernatürliches Werk des Heiligen Geistes beschrieben.

Aus meiner Sicht sind genau solche Begebenheiten gemeint, wenn Paulus über die Gabe der Kraftwirkungen spricht. Auch heute wirkt der Heilige Geist noch so wie damals und es geschehen Wunder aller Art: Es kommt zu psychischen und physischen Phänomenen, Dämonenaustreibungen, augenblicklichen Heilungen, Naturwundern, Wetterveränderungen, Schöpfungswundern und vielem mehr.

Meine Frau Irene hat einmal eine physische Kraftwirkung Gottes erlebt: Auf einer Frauenkonferenz proklamierte die Sprecherin, sie werde von ihrer chronischen Migräne geheilt. Die entsprechenden Schmerzen waren daraufhin nicht nur augenblicklich weg, sondern kamen auch nie wieder zurück – und das seit etwa 24 Jahren!

Durch die Gabe der Kraftwirkungen werden wir aufmerksam für die Kraft des Heiligen Geistes, die unsere begrenzten Möglichkeiten übersteigt. Das hilft uns Menschen, die wir oft nur das Machbare sehen, über unseren eigenen Horizont zu blicken. Wir dürfen Gott das Unmögliche zutrauen! Sicherlich klaffen unsere Wünsche und die Wirklichkeit oftmals auseinander. Deswegen möchte ich dazu ermutigen, nicht die Wirklichkeit zu suchen, die wir selbst uns wünschen, sondern die wirksame Wirklichkeit des Heiligen Geistes. Wenn ich in der Schrift von der Gabe der Kraftwirkungen lese, will ich vertrauen, dass sich Gottes Wort auch als wahr erweist. Ich will es nicht nur lesen, sondern auch in Kraft wirken lassen.

Einen wichtigen Aspekt möchte ich an dieser Stelle noch betonen, und zwar das Zentrum auf das die Kraftwirkungen hindeuten. Wie der Schreiber des Hebräerbriefs verdeutlicht, richten Zeichen und Wunder unseren Fokus auf die Hauptsache: das Evangelium (Hebr 2,4). Auch an anderer Stelle ist von diesem Hinweischarakter der Kraftgaben die Rede: So sandte Jesus die Jünger aus, um Kranke gesund zu machen und das Himmelreich zu verkünden (Lk 9,2; 10,9). Diese und andere Berichte aus der Bibel veranschaulichen, wie die Botschaft vom Reich Gottes bei Jesus und seinen Jüngern mit Zeichen und Wundern einherging. Wie Hinweisschilder deuten die Kraftwirkungen des Geistes auf etwas Wichtiges hin und nicht auf sich selbst: Gott gebraucht Zeichen und Wunder, um deutlich zu machen, dass er selbst bei der Verkündigung des Evangeliums am Werk ist.

Mit Jesus ist das Reich Gottes bereits angebrochen und gegenwärtig (vgl. Kap. 6). Allerdings kommt es nach den Aussagen des Neuen Testaments erst in der Endzeit zur vollen Geltung. Es ist also noch nicht im ganzen Umfang gegenwärtig. So bestätigen Zeichen und Wunder zum Einen die Wirklichkeit des Reiches Gottes. Und sie lassen uns bereits erahnen, wie es sein wird, wenn das Reich Gottes im vollen Maße gekommen ist. Mich ermutigt das. Es beflügelt meine Vorfreude auf das Wiederkommen Jesu und die vollendete Entfaltung seiner Herrschaft auf Erden. Als Teilhaber am bereits angebrochenen Reich strebe ich deshalb danach, dass die Gabe der Kraftwirkungen bei der Verkündigung des Evangeliums zum Tragen kommt. Dabei stelle ich mir immer wieder die Frage, wie ich persönlich dazu beitragen kann, dass diese Gabe in meinem Dienst Realität wird.

Mir ist aufgefallen, dass ich schnell bereit bin, für ein Wunder zu beten, wenn ich selbst in einer aussichtslosen Lage bin. Dabei scheue ich keine Mühen, zeige Durchhaltevermögen und Beharrlichkeit. Der Hauptgrund für meine überaus große Motivation liegt wahrscheinlich darin, dass ich persönlich betroffen bin. Bei der Gabe der Kraftwirkungen geht es dagegen um meinen Nächsten. Der Heilige Geist will anderen Menschen durch sein übernatürliches Eingreifen in ihrer Not begegnen, so wie es Jesus zu tun pflegte, als er auf Erden wandelte. Dadurch kommen sie mit dem Reich Gottes in Berührung und können sogleich darauf reagieren. Wenn ich daran denke, ermutigt mich das, mit dem gleichen, gerade beschriebenen Eifer für diese Gabe zu beten.

Die Tatsache, dass sich Kraftwirkungen in der frühen Kirche manifestierten und offenbar notwendig waren, macht mir bewusst, dass sie auch heute noch bedeutend und notwendig sein müssen.

Allerdings geht Gottes Reich nie in unsere Hand über. Es bleibt – wie das Wort selbst sagt – *sein* Reich. Daher kann kein Christ aus eigener Kraft Wunder bewirken. Gott ist derjenige, der sein Werk an dem Menschen tut – manchmal direkt, manchmal mithilfe einer dritten Person. Und auch wenn die Kraftwirkung durch einen Mensch geschieht, ist diese dritte Person aktiv in Gottes Willen eingebunden, indem sie im Glauben handelt.

Doch was können wir persönlich tun, um eine solche „dritte Person" zu werden? Dazu möchte ich nachfolgend einige Impulse skizzieren:

- Wir sollten darum bitten und danach eifern, von Gott gebraucht zu werden (gemäß 1Kor 14,1).
- Nah bei Gott zu sein, hilft uns sensibel dafür zu werden, was Gott tun möchte.
- Wer ein Herz für die Not des anderen hat, macht es Gott leicht, ihn zu gebrauchen, um an anderen Menschen Wunder zu vollbringen.
- Es ist wirklich möglich, dass Gott durch uns Wunder tut. Wir dürfen damit rechnen.

Wenn wir diese Punkte beachten, bleiben wir in einer aktiven Erwartungshaltung und haben offene Augen für das, was Gott tun möchte.

Wir haben an der Schrift gesehen, dass Jesus und den Aposteln Zeichen und Wunder folgten. Leider beobachte ich seit Jahren, dass es sich bei manchen Christen genau umgekehrt verhält: *Sie* rennen den Zeichen und Wundern nach – diese folgen ihnen aber leider keineswegs. Ich persönlich habe für mich die Entscheidung getroffen, Wundern nicht hinterher zu laufen, sondern strebe danach, dass mein eigenes Leben von Kraftwirkungen begleitet wird. Dies tue ich nicht um der Manifestationen willen, sondern für die Menschen, die Gott mit seiner rettenden Botschaft erreichen möchte. Ich kann jeden von uns nur dazu ermutigen, auch solch eine Entscheidung zu treffen.

Abschließend möchte ich in diesem Zusammenhang noch eine eindrucksvolle Lebensgeschichte weitergeben. Sie ist ein Zeugnis dafür, wie Gott im Leben eines Menschen Wunder wirkt. Die Dame, von der dieser Bericht stammt, hat mir die Erlaubnis erteilt, diesen hier zu veröffentlichen:

> Meine Geschichte beginnt in einem kleinen Dorf in Mitteldeutschland. Groß geworden bin ich in einer ganz normalen Familie, mit Vater, Mutter und einer kleinen Schwester. Als Kinder der Nachkriegszeit hatten meine Eltern es sich zur Aufgabe gemacht, uns eine glückliche Kindheit zu schenken. Ich hätte auch eine unbeschwerte Kindheit genossen – wäre nicht der Missbrauch durch meinen Onkel gewesen. Diese Schuld wurde unser „Familiengeheimnis".
>
> Dass es einen Gott im Himmel gibt, war mir schon als Kind klar; dass ich allerdings durch Jesus Christus eine persönliche Beziehung mit meinem Schöpfer leben könnte, habe ich in meinen jungen Jahren noch nicht verstanden. Ich liebte die Geschichten von Jesus, die ich im Konfirmandenunterricht hörte, verstand aber nicht, warum er am Kreuz hatte sterben müssen. Die Offenbarung darüber erhielt ich erst später.
>
> Als Jugendliche wurde ich mehrere Male vergewaltigt. Vorbei war mein Traum, mich rein zu bewahren für meinen zukünftigen Ehemann. Ich fühlte mich minderwertig, schmutzig und hässlich. Wer würde mich jetzt noch haben wollen? In regelmäßigen Abständen mussten mir immer wieder Zysten und Geschwülste aus dem Unterleib entfernt werden. Ich litt unter starken Schmerzen und in meiner Ausbildung war ich oft gezwungen, mich krank zu melden.
>
> Zu diesem Zeitpunkt begegnete ich meinem Mann. Es war wie im Traum: Während er zur Tür hereinkam, hörte ich eine Stimme in meinem Ohr, die sagte: „Das ist dein Mann." Uns beiden wurde klar: Wir gehören zusammen und werden gemeinsam durchs Leben gehen. Die Sache hatte nur einen Haken: Er kam aus der Hooligan-Szene, war sehr verletzt und voller Gewalt. Ich dagegen war eine Frau ohne jegliches Selbstwertgefühl. Doch gemeinsam gingen wir auf die Suche nach Gott.
>
> Es schien alles noch komplizierter zu werden, als mir die Universitätsklinik im Herbst 1985 nach einer erneuten Operation bestätigte, dass ich zu 99 Prozent unfruchtbar sei. Der nächste Traum zerplatzte: die Hoffnung einmal Kinder bekommen zu können. Da begann ich, aus tiefstem Herzen

zu Gott zu schreien: „Wenn es dich wirklich gibt ...“ Drei Monate später erwartete ich unseren ersten Sohn. Mein Gynäkologe war sprachlos.

Doch dies war nur das erste Wunder, das wir erlebten: Elf Monate nach unserem Sohn hielten wir 1987 unsere kleine Tochter im Arm. Wieder konnte mein Arzt es nicht fassen. Wir aber wussten, dass der Herr am Werk war und unseren Herzenswunsch erfüllte. 1988 kam dann unser zweiter Sohn zur Welt. Dies war nun der Moment, in dem ich mit meinem Gynäkologen über Gott und sein Eingreifen in meinem Leben sprechen konnte. Er war sehr berührt und ihm fehlten die Worte.

Mit drei Kindern brachen wir auf zur Bibelschule, um dann 1991 wieder eine Tochter anvertraut zu bekommen. Zu dem Zeitpunkt waren wir schon dem Ruf Gottes in die Mission nach Westeuropa gefolgt. Zu guter Letzt schenkte uns der Herr 1993 noch ein Mädchen.

Durch Jesus Christus konnte ich meinem Onkel und den anderen Männern vergeben, die mich missbraucht und mir meine Würde genommen hatten. Ja es war mir sogar möglich, sie zu segnen und den Herrn für sie zu bitten, dass auch sie den Erlöser kennenlernen würden. In meinem Unterleib wurden nie wieder Zysten und Geschwülste gefunden und meine Schmerzen gehörten endgültig der Vergangenheit an.

Heute blicken mein Mann und ich auf 30 Ehejahre zurück. 25 Jahre sind wir in der Mission in Westeuropa unterwegs – mittlerweile auch darüber hinaus.

Das schönste Geschenk bleibt für mich aber, dass alle unsere Kinder Jesus kennen und lieben und wir mit vier von ihnen dem Herrn gemeinsam dienen.

Es ist gut, Gott zu vertrauen, auf ihn zu hören und seinen Weisungen zu folgen. Ich freue mich, dass ich in den vergangenen Jahren mit vielen Missbrauchsopfern beten und sie auf ihrem Weg der Heilung und Wiederherstellung begleiten durfte. Heute kann ich aus tiefstem Herzen sagen: Alle Dinge dienen zum Besten dem, der glaubt.

10 Sprachengaben

10.1 Die Gabe der Zungenrede

Zungenrede – ein Indiz für die Geistestaufe?

Widmen wir uns nun der dritten Kategorie der Geistesgaben, den sogenannten Sprachengaben (Zungenrede und Prophetie). Die Gabe der Zungenrede ist wohl das Charisma, das am kontroversesten diskutiert wird. Mit der Gabe der Zungenrede kommen wir also in gewisser Weise auf ein „Sorgenkind" zu sprechen – nicht zuletzt deshalb, weil sie oft auf unglückliche Weise in Zusammenhang mit der Geistestaufe gebracht wurde. In manchen Kreisen ist das bis heute der Fall. Dort gilt die Zungenrede als *„initial evidence"* (Anfangsbeweis). Der Begriff ergibt sich aus der (gerade unter amerikanischen Geschwistern noch verbreiteten) Überzeugung, dass die Zungenrede das Indiz für die Taufe im Heiligen Geist sei. In Deutschland hat demgegenüber landläufig ein Umdenken stattgefunden.

Diesbezüglich möchte ich gleich am Anfang festhalten, dass wir aus den lukanischen Berichten kein Regelwerk ableiten können, wie sich die Geistestaufe explizit manifestieren sollte. Lediglich eine Tatsache geht klar aus der Apostelgeschichte hervor, nämlich dass sie immer von wahrnehmbaren Zeichen begleitet wurde: In der Regel ging die Geistestaufe mit Zungenrede einher (Apg 2,4; 10,46; 19,6), aber auch mit Kraftwirkungen (4,31), Prophetie (19,6) und Lobpreis (2,11; 10,46; 11,15). In Apg 8,17f. wird sie ebenfalls erwähnt, an dieser Stelle ist allerdings nicht direkt beschrieben, welche Manifestationen die Taufe mit dem Heiligen Geist begleiteten. Der Bericht sagt lediglich, dass gewisse Zeichen sichtbar waren.

Der Apostel Paulus legt in 1Kor 12,27-30 dar, dass nicht jeder Gläubige über alle Gaben verfügt:

> *„Haben sie alle Gaben, gesund zu machen? Reden sie alle in Zungen? Können sie alle auslegen?"* (1Kor 12,30)

Die Frage, die der Apostel hier stellt, ist rein rhetorisch gemeint und mit einem klaren „Nein" zu beantworten.[21] Andernfalls wäre das eine Fehlinterpretation seiner Aussage, denn – so wie alle anderen – wird auch die Gabe der Zungenrede souverän vom Geist Gottes ausgeteilt. Hätte er damit ausdrücken wollen, dass alle Christen diese Gabe erhalten, dürfte sie hier nicht genannt sein. Doch der Apostel bezieht sie hier bewusst mit ein. Es gibt zwar die Theorie, dass Paulus an dieser Stelle nicht von der Zungenrede spreche, die die Gläubigen bei der Geistestaufe erhalten, sondern noch von einer anderen Art. Aus meiner Sicht ist es jedoch nicht plausibel, die Gabe der Zungenrede in zwei unterschiedliche Gaben aufzuspalten (denn das müssten wir, wenn wir Paulus hier ernst nehmen und doch gleichzeitig an der Überzeugung festhalten wollen, dass ein jeder Christ die Zungenrede bei der Geistestaufe erhält). Die Befürworter dieser Theorie berufen sich meist auf folgenden Vers.

> *„Ich wünschte, ihr alle würdet in Zungen reden, weit mehr aber, ihr würdet prophetisch reden. Der Prophet steht höher als der, der in Zungen redet, es sei denn, er übersetzt sein Reden, damit die Gemeinde aufgebaut wird." (1Kor 14,5 EUE)*

Der Wunsch des Paulus, dass alle in Zungen reden, ist zwar korrekt übersetzt, spiegelt aber nicht das eigentliche Anliegen wieder, das der Apostels meines Erachtens hier ausdrücken möchte: Er gönnt es allen Christen, in Zungen zu beten. Wenn es nach ihm ginge, wäre die gesamte Gemeinde dazu in der Lage. Allerdings hält er es für weitaus erstrebenswerter, dass alle prophetisch dienen (1Kor 14,5; 24f.). Aus dem Wunsch, den Paulus hier zum Sprachengebet äußert, dürfen wir also nicht folgern, dass jeder diese Gabe empfangen hat – zumal er in 1Kor 14,23 selbst darauf hinweist, dass es kontraproduktiv sein kann, wenn alle zusammen in Zungen reden.

Prinzipiell kann ich mich der Meinung von Paulus nur anschließen. Ich wünschte ebenfalls, alle Gläubigen würden in Zungen reden. Ich bin auch der Ansicht, dass die Gabe theoretisch jedermann zugänglich ist.

---

[21] Die Verse 1Kor 12,29-30 enthalten sieben rhetorische Fragen, die nach der griechischen Grammatik alle mit „Nein" zu beantworten sind.

Dennoch bedeutet dies nicht, dass tatsächlich alle in Zungen sprechen. Die Gründe dafür sind unterschiedlich. Manche empfangen die Gabe der Zungenrede auch, aber praktizieren sie nicht. Sie vernachlässigen sie, wie etwa Timotheus (2Tim 1,6). Dies hat zur Folge, dass sie in ihrem Glaubensleben allmählich an Präsenz verliert.

Arten der Zungenrede

Nach dieser einführenden Auseinandersetzung kommen wir nun zu einem weiteren zentralen Aspekt rund um die Zungenrede. Betrachten wir *glóssa* – den entsprechenden Begriff aus dem griechischen Urtext, stoßen wir bereits bei der Übersetzung auf einige Besonderheiten: Das Wort kann sowohl die Zunge als auch die Sprache meinen. So gibt es allein schon deshalb unterschiedliche Bezeichnungen für diese Gabe, beispielsweise „Sprachenrede", „Sprachengebet" oder „Zungenrede". Alle diese Bezeichnungen sind legitim und finden allgemeine Verwendung. Zudem gebraucht Paulus hier erneut einen doppelten Plural, wenn er von „Arten der Zungen" und nicht nur von einer „Gabe der Zungen" spricht. Aus meiner Sicht ist dies auch ein Hinweis darauf, dass die Zungenrede verschiedene Ausformungen annehmen kann.

Die nachfolgende Tabelle skizziert zur ersten Übersicht die verschiedenen Arten der Zungenrede.

Verschiedene Arten der Zungenrede
Irdische Sprachen (Apg 2,4.6)
Anbetung (Joh 4,23; Apg 10,44-46; 1Kor 14,15)
Dankgebet (1Kor 14,16f.)
Fürbittegebet (Röm 8,26)
Vollmachtshandlung (Mk 16,17)
Mittel zur eigenen Auferbauung (1Kor 14,1-4)
Prophetische Zungenrede

Eine erste Form begegnet uns in Apg 2,4.6:

> *Und alle wurden vom Heiligen Geist erfüllt und begannen, in anderen Sprachen zu reden, wie es der Geist ihnen eingab. Als sich das Getöse erhob, strömte die Menge zusammen und war ganz bestürzt; denn jeder hörte sie in seiner Sprache reden.*

Die hier verwendeten Begriffe zeigen deutlich, dass die Gabe der Zungenrede sich zum Einen in *tatsächlich existierenden irdischen Sprachen* äußert. Allerdings kann es sich hier auch um Sprachen handeln, die nicht irdischer Herkunft sind (1Kor 13,1).

Besonders in Kapitel 14 wird jedoch deutlich, dass die Zungenrede zunächst ein *privates Gebet* ist, das der Mensch an Gott richtet (1Kor 14,2.4.17f..28). Dabei handelt es sich somit wohl um die einzige Gabe des Geistes, die nicht primär zur Ermutigung und Stärkung der Gemeinde gegeben wird, sondern zur eigenen Erbauung. Doch wer selbst gestärkt ist, kann leichter anderen Gutes tun. So gesehen dient das Zungenreden letztlich doch auch dem Leib Christi als Ganzes.

In dem zum Thema Zungenrede besonders wichtigen Kapitel 1Kor 14 kommt das Verb „reden" 24 Mal vor – so oft wie in keinem anderen Kapitel des Neuen Testaments! Dies wiederum öffnet unseren Blick dafür, dass der Geist Gottes in besonderer Weise durch sprachliche Kommunikation wirken möchte. Das Wunder, das sich mit der Gabe der Zungenrede am Menschen vollzieht, wird besonders dann deutlich, wenn wir daran denken, was wir alles benötigen, um eine Fremdsprache zu lernen. Es braucht nicht nur Talent, sondern vor allem viel Zeit, Mühe und Disziplin. Im Vergleich dazu ist das Zungenreden ein nicht erlernbares Geschenk Gottes. Mit ihr erhalten wir die Möglichkeit, uns in einer Sprache zu äußern, die der Heilige Geist selbst wählt.

Manchmal kann ich als Beter wahrnehmen, dass sich Dinge im Verborgenen zutragen, für die mir die Worte fehlen. In solch einem Fall kann ich mich darauf verlassen, dass Gott mir die richtigen Worte schenkt. Nicht selten frage ich deshalb bei Menschen, mit denen ich zu Gott kommen möchte, um Erlaubnis, zuerst in Sprachen beten zu dürfen. Auf diese Weise werde ich persönlich erbaut und segne gleichzeitig auch die Menschen. Immer wieder erlebe ich dabei, wie Gott mir währenddessen zeigt, wofür ich gerade bete, und sich mein Eindruck im anschließenden Gespräch mit dem Menschen bestätigt.

Ich bin sehr dankbar für diese Art der Kommunikation und ihre Vielfalt. Wie eingangs deutlich wurde, kann die Zungenrede auch in einigen weiteren Formen in Erscheinung treten, darunter auch in der *Anbetung* – um nur eine weitere hier exemplarisch zu nennen. Ich persönlich gelte nicht als begnadeter Lobpreissänger, jedoch eröffnete mir meine Nachbarin vor einiger Zeit im Fahrstuhl, dass sie meinen Gesang möge. Sie sagte zu mir: „Sie singen so schön." Dabei handelt es sich eigentlich gar nicht um tatsächliche Lieder, sondern ich bete und singe laut in meinem Büro in Sprachen. Das bekommt sie wohl mit und empfindet es als ansprechend. Die Zungenrede kann sich also auch als Dankgebet und Anbetung äußern und davon profitiere ich sehr.

Alles in Allem glaube ich, dass die Zungenrede die am meisten umkämpfte Geistesgabe überhaupt ist. Umso mehr möchte ich an den Segen erinnern, der durch sie der Gemeinde und dem Einzelnen zuteilwerden kann. Zudem ist die Tatsache bemerkenswert, dass der Beter in dieser himmlischen Sprache nicht sündigen kann. Unsere menschlichen Sprachen sind verroht, durch allerlei Kraftausdrücke verzerrt und befleckt durch all die bösen Worte, mit denen wir schon Schaden angerichtet haben. Mit den Sprachen des Heiligen Geistes kann allerdings nichts dergleichen geschehen.

Nachdem wir nun einige Arten der Zungenrede betrachtet haben, können wir eines festhalten: Der Adressat bestimmt die Form der Zungenrede. Alle Arten, von denen ich bisher gesprochen habe, sind an Gott adressiert. Wenn wir in Sprachen beten – sei es alleine oder mit anderen – dann wenden wir uns dabei immer an Gott. Niemand sonst muss es verstehen außer ihm, an den das Gesagte gerichtet ist (1Kor 14,2). Gleiches gilt für das Singen in Sprachen. Auch hier richtet sich der Mensch mit seinem Lobpreis an Gott. Im Vergleich zum gemeinsamen Beten in Sprachen wirkt das Singen harmonisch und nahezu ordentlich. So ist es nicht verwunderlich, dass gegenwärtig diese Form der Zungenrede vor allem wegen der Rücksicht auf etwaige Gäste gerne im Gottesdienst angewandt wird.

Doch neben all den an Gott gerichteten Formen gibt es auch einen Platz für eine weitere Art der Zungenrede: Die Zungenrede, die an den Menschen adressiert ist. Sie muss notwendigerweise mit einer weiteren Gabe einhergehen – der Gabe der Auslegung. Nur auf diesem Weg kann auch die Gemeinde mit den fremden Worten des Geistes etwas anfangen. Weil diese Gabe so eng mit der Zungenrede verzahnt ist, will ich sie in dieses Kapitel integrieren.

Auslegung der Zungenrede

Paulus schreibt wenige Zeilen später in 1Kor 14,13, dass diese an den Menschen gerichtete Art der geistgewirkten Rede nicht unverständlich bleiben darf: „… wer in einer Sprache redet, bete, dass er es auch auslege …". Deshalb möchte ich uns alle dazu ermutigen, auch danach zu streben, das Gesagte möglichst für alle zugänglich zu machen. Es ist nicht verwerflich, in neuen Sprachen zu reden und dabei keine Auslegung zu erhalten. Doch wir dürfen nicht vergessen: Diese Geistesgabe ist (wie alle anderen) auch zur Erbauung der Mitmenschen gegeben und kann ihnen vor allem dann dienen, wenn sie das Gesagte verstehen!

Meine eigene Geistestaufe wurde von prophetischen Worten und Offenbarungen begleitet. Die Gabe der Zungenrede empfing ich jedoch erst etwa vier Tage danach – beim Stallausmisten! Stundenlang habe ich daraufhin den Herrn in anderen Sprachen gepriesen. Pragmatisch, wie sie ist, kam meine Frau auf mich zu und fragte: „Warum legst du das Gesagte nicht auch aus? So steht es doch in der Heiligen Schrift, oder etwa nicht?" Das war der Beginn meines Gebets um die Gabe der Auslegung (1Kor 12,10). Heute erhalte ich häufiger Offenbarungen darüber, was ich in anderen Sprachen bete.

Es ist in diesem Zusammenhang bemerkenswert, dass der Begriff „Erbauung" das ganze vierzehnte Kapitel des ersten Korintherbriefs durchzieht und somit zum Leitgedanken wird (V. 3, 4, 5, 12, 17 u. 26).

Dies gilt es im Auge zu behalten und unser Handeln danach auszurichten: Denn wie kann ich meinen Bruder oder meine Schwester erbauen, wenn ich mich in einer unverständlichen Sprache an sie wende? Ich muss sichergehen, dass jemand die Worte auslegt, damit das Gesagte beim Adressaten auch ankommt.[22] Wenn ich das nicht gewährleisten kann, dann soll ich lieber schweigen (1Kor 14,28).

Woher aber weiß der Einzelne, ob einer da ist, der die Botschaft deuten kann, wenn er selbst die Gabe der Auslegung nicht besitzt? Aus dem Bibeltext lässt sich schließen, dass die Gemeindeleitung in Kenntnis über die Begabungsprofile der Einzelnen in der Gemeinde war und diese in der jeweiligen Situation ansprechen konnte. Daraus geht also hervor, dass auch diese Gabe – genauso wie jede andere – in Abstimmung mit der Gemeindeleitung praktiziert werden sollte. Diese Gedanken sind die Grundlage für die Fragen, die wir im nächsten Abschnitt bewegen wollen: Wie kann gemeinsames Sprachengebet im Gottesdienst funktionieren? Sollen wir es überhaupt praktizieren? Und welche Chancen und Herausforderungen begegnen uns auf diesem Weg?

Sprachengebet im Gottesdienst – Chance und Herausforderung

Ich persönlich bin ein Befürworter von Sprachengesang und halblautem Sprachengebet in öffentlichen Veranstaltungen – solange es in Ordnung geschieht. Denn wir sehen im Neuen Testament, dass auch bei den Geschwistern in der Urgemeinde die Zungenrede hörbar gewesen sein muss:

> *… denn sie hörten, dass sie in Zungen redeten und Gott hoch priesen. (Apg 10,46)*

Diese und weitere Bibelstellen (z. B. Offb 19,6) deuten darauf hin, dass gemeinsames, lautes Gebet für die Urgemeinde nichts Ungewöhnliches war. Auch das Alte Testament berichtet an vielen Stellen davon, wie

---

22 Die „Auslegung" von Sprachen, griechisch *hermeneia,* bedeutet so viel wie „Erklärung", aber viel mehr noch einfach „Übersetzung". Da es sich aber nicht um eine Tätigkeit des Verstandes handelt, sollte man die Assoziation an die Arbeit eines Dolmetschers hier vermeiden.

größere Volksmengen ihre Stimme gemeinsam zu Gott erhoben (Ri 21,2). Mir persönlich hilft an dieser Stelle der Gedanke an unsere geistlichen Wurzeln: Israel. Durch meine regelmäßigen Besuche in diesem Land habe ich das Bild von der Klagemauer und den an ihr betenden Menschen klar vor Augen. Viele Gläubige stehen dort und murmeln halblaut. Jeder von ihnen bringt sein eigenes Gebet zu Gott. Als Ganzes hört es sich an wie ein Brummen. Den Einzelnen stört dies nicht, weil er auf seine persönliche Zwiesprache mit Gott fokussiert ist. So geht es auch mir, wenn ich höre, dass viele um mich herum auch beten. Und noch mehr: Es ist für mein Gebet sogar förderlich, denn auf diese Weise fühle ich mich als Teil des Ganzen mitgenommen und getragen.

Deshalb ist es durchaus sinnvoll, wenn wir in unseren Versammlungen alle gleichzeitig halblaut beten oder singen – deutsch oder in Sprachen. So müssen wir nicht warten, bis einer nach dem anderen gebetet hat. Weil dergleichen aber in unserer hiesigen Kultur schnell als unordentlich empfunden wird, empfehle ich, in öffentlichen Gottesdiensten gemeinsam in Sprachen zu singen.

Gemeinsames, lautes Beten in Sprachen führt leider auch immer wieder zu Missständen. Manch einer glaubt, besonders geistlich zu sein, wenn er extra laut betet, und will dadurch als solcher wahrgenommen werden. Nicht selten kommt es demzufolge zu einem regelrechten Wettbewerb zwischen laut in Zungen schreienden Geschwistern. Andere wiederum sind der Ansicht, die Gemeinde von vorne durch das Mikrofon beschallen zu müssen. Doch so lange niemand verfügbar ist, der das Gesagte auch auslegen kann, ist dies unproduktiv und der Beter sollte eigentlich schweigen.

Es sei an dieser Stelle ganz grundsätzlich bemerkt, dass in Bezug auf das Sprachengebet nicht von ekstatischem Lallen die Rede ist oder von Trancezuständen, in die der Beter verfällt. In Röm 8,26f. spricht Paulus wohl darüber, dass sich der Geist Gottes für uns in unaussprechlichen Seufzern verwendet, wenn wir nicht wissen, was wir beten sollen. Die Worte sind für uns zwar nicht verständlich, denn es werden Geheimnisse ausgesprochen, die den Verstand „leer" lassen. Doch es gibt keinen Hinweis darauf, dass wir dabei die Kontrolle über uns verlieren. Ganz im Gegenteil – der Beter hat nicht den Geist der Knechtschaft empfangen (Röm 8,15) und behält deshalb seine Freiheit. Dass es in charismatischen Gemeinschaften öfter zu Gebeten kommt, die unnatürlich oder gar befremdlich wirken, hat mehr mit den persönlichen Vorlieben der Beter zu tun als mit dem Heiligen Geist. Es ist auch nicht verwerflich, seinen eigenen Stil zu haben, solange er der Verkündigung des Evangeliums nicht schadet (1Kor 14,23). Wie das Gebet des Apostels Paulus im Privaten aussah, wissen wir nicht, aber in der Öffentlichkeit blieb er um der Gemeinde willen besonnen (2Kor 5,13).

Paulus spricht an dieser und anderen Stellen also durchaus sehr klar über den rechten Umgang mit der Zungenrede im Gottesdienst. Auch seine Begründungen sind einleuchtend (1Kor 14): Stellen wir uns vor, ein Ungläubiger beträte die Versammlung und fände die Gemeinde auffallend laut in Zungen betend vor, dann könnte dieser durchaus glauben, die Beter seien verrückt geworden. Leider habe ich genau das erlebt. Besucher betraten zum ersten Mal einen Gottesdienst und waren in dem Glauben, einzelne Mitglieder der Gemeinde würden unter einer psychischen Krankheit leiden. Wir können also nicht oft genug betonen, dass es beim gemeinsamen Zungenreden nicht um den Auftritt von Einzelnen, sondern um ein höheres Ziel geht, nämlich darum, dass wir Gott loben und danken.

Zu meinem Bedauern haben die gerade erwähnten Missstände in vielen Gemeinden dazu geführt, dass man das Kind mit dem Bade ausgeschüttet hat: Gemeinsames Beten in Sprachen wurde ganz aus dem Gottesdienst verbannt. Dabei ist es durchaus möglich, geistlich zu sein, ohne sonderbar zu werden.

Doch kommen wir zurück auf die bereits erwähnten Vorschriften zum unterschiedlichen Umgang mit der Zungenrede, wie wir sie aus den Schriften des Apostels Paulus entnehmen: Solange wir das Sprachengebet zur Selbstauferbauung oder in Form von gemeinsamem Lobpreis praktizieren, ist es nicht zwingend erforderlich, dass es eine Auslegung gibt. Wenden wir uns jedoch mit einer Zungenrede an die Gemeinde (1Kor 14,26), muss eine gewisse Ordnung herrschen (1Kor 14,28-31).

Was die persönliche Erbauung betrifft, will Paulus also, dass möglichst alle in Zungen reden. Wenn es aber um einen Beitrag im gemeinsamen Gottesdienst geht, ist es das Ziel, die Menschen durch klare verständliche Lehre zu fördern. Daher sagt Paulus – so sehr er das persönliche Zungengebet auch schätzt (14,19): Ich will „... lieber fünf Worte reden mit meinem Verstand, damit ich auch andere unterweise, als zehntausend Worte in Zungen." Denn der wesentliche Grund des gemeinsamen Gottesdienstes ist nicht in erster Linie die persönliche Erbauung, sondern die der Gemeinschaft.

Sprachenrede – eine unbedeutende Gabe?

Ich möchte an dieser Stelle noch einmal zurückkommen auf den gerade noch einmal erwähnten Wunsch des Paulus, dass alle in Korinth in Zungen reden (1Kor 14,5). Der Apostel drückt hier deutlich aus, dass diese Gabe keineswegs unbedeutend oder gar die geringste von allen ist, wie manche annehmen. Nur weil sie zusammen mit der Auslegung der Zungen an letzter Stelle seiner Auflistung steht, heißt das nicht, dass sie weniger wichtig ist als die anderen Gaben. In der Reihenfolge liegt also keine Wertung. Paulus selbst betete begeistert in Zungen und schätzte dieses Charisma in hohem Maße (1Kor 14,4f..15.17f.; Röm 8,26f.; Eph 6,18). Sehr mutig konnte er deshalb von sich sagen, dass er mehr in Sprachen betete als alle anderen (1Kor 14,18). Er legte zwar auch Wert darauf, „mit dem Verstand" zu beten, allerdings wollte er die Kommunikation über die Geistesgabe dennoch nicht missen. Er beschreibt sie als bedeutend und erstrebenswert. Dass Paulus sie in 1Kor 14 dennoch so deutlich eingrenzt, hängt mehr mit dem Anlass des Briefes zusammen, als mit der Gabe selbst.[23]

---

[23] Wie bereits erwähnt, hat der Apostel nur dann über die Gaben des Geistes geschrieben, wenn er Missstände in den Gemeinden beheben wollte. In Korinth müssen also unordentliche Zustände geherrscht haben. Offenbar glaubten einige Geschwister in dieser Gemeinde, in Zungen predigen und lehren zu müssen (1Kor 14,6.19).

Wie kann die Gabe des Zungenredens empfangen werden?

Es wäre meines Erachtens nicht richtig, an dieser Stelle eine präzise Anleitung zu präsentieren, wie wir diese erstrebenswerte Geistesgabe nun empfangen können. Vielleicht würde mir es auch nicht gelingen, da der Heilige Geist wirkt, wie er will. Dennoch gibt es einige grundlegende, hilfreiche Richtlinien, die dem ein oder anderen möglicherweise vertraut sein werden:

Wir haben von unserem Herrn selbst die Zusage, dass er uns beschenken wird, wenn wir ihn bitten (Mt 7,7). Paulus wiederum rät uns dazu, sich um die Gaben des Geistes zu bemühen (1Kor 14,1). So wird diese Gabe durch Bitten, anhaltendes Bitten und Gebet mit Handauflegung empfangen. Es ist sicher hilfreich, wenn wir uns dabei bewusst machen, dass das, worum wir den Herrn ersuchen, notwendig und gut ist. Wenn Gottes Geist uns dann Worte schenkt, sollten wir sie auch aussprechen. Bei manchen Menschen mögen es am Anfang nur Bruchstücke sein. Das macht aber nichts. Denn jede Gabe kann klein beginnen und wird sich aber mit ihrem Gebrauch weiterentwickeln. Wichtig ist, dass der Empfänger damit anfängt, Worte auszusprechen, jedoch nicht jemandem nachspricht.

Als in Deutschland lebende Christen, die wir Ordnung und Nüchternheit gewohnt sind, mag eine neue Sprache auf uns anfangs womöglich befremdlich wirken, denn die Zungenrede ist für den Beter nicht verständlich (1Kor 14,14.16). Aber der Heilige Geist geht in seinem Wirken bekanntlich oft andere Wege und stellt gern einmal unsere Ordnungen auf den Kopf. Auf dieses Fremde und Himmlische gilt es sich einzulassen. Du bist derjenige, der diese geschenkte Gabe aktiviert. Es ist deine Willensentscheidung. Nach meinem Verständnis der Schrift ist dies die einzige Geistesgabe, die wir praktizieren können, wann immer wir wollen. Dabei glaube ich jedes Mal aufs Neue, dass die Zungenrede mir zur Verfügung steht. Indem ich sie auf diese Weise gebrauche, wächst sowohl mein Vertrauen auf den Herrn als auch mein Glaube, dass er mich immer wieder beschenkt.

In 1Kor 14,15 erklärt Paulus: „Ich will beten mit dem Geist …“. Ich glaube, wir sollten es ihm gleichtun und zu Gott sagen „Ich will!“

10.2 Die Gabe der Prophetie

Von allen Charismen des Geistes wird die Prophetie im Neuen Testament am häufigsten erwähnt. Diese Tatsache legt die Vermutung nahe, dass prophetische Rede in den frühen Gemeinden sehr verbreitet war. Sicherlich gibt es dabei auch einen Zusammenhang mit dem jüdischen Erbe der Gemeinden. Allerdings unterscheidet sich die erbauende Prophetie im Neuen Testament deutlich von den Gerichtsworten der Propheten des alten Israels. Dadurch bestätigt sich also eher die erste Vermutung (nämlich dass uns die Prophetie im Neuen Testament deshalb mit einer so großen Selbstverständlichkeit begegnet, weil sie im damaligen Gemeindeleben zur Tagesordnung gehörte).

Wortwörtlich übersetzt bedeutet das griechische Wort für Prophetie *(profeteia)* „für jemand anderen sprechen" oder „anstelle von jemand anderem sprechen". In der paulinischen Auflistung der Geistesgaben erscheint das Nomen im Singular, was darauf hindeuten könnte, dass jede einzelne Prophetie ein Charisma Gottes ist. Paulus spricht hier wohlgemerkt nicht von der Gabe, ein Prophet zu sein. Prophetische Worte weiterzugeben, steht laut Neuem Testament theoretisch jedem von uns offen, insofern uns der Heilige Geist dazu ermächtigt (Apg 2,17; 1Kor 14,24.31). Paulus fordert alle Christen direkt dazu auf, nach dieser Gabe zu streben (1Kor 14,1.39). Dennoch werden Prophetien den Gläubigen in unterschiedlicher Häufigkeit und Intensität zuteil.

Die drei Ebenen des prophetischen Dienstes

Im Neuen Testament ist explizit von Propheten die Rede, die gegenüber denen, die in der *Geistesgabe* der Prophetie dienen, eine gesonderte Gruppe bilden (1Kor 12,28f.; Apg 21,9f.): Nicht jeder, der im Neuen Testament prophetisch spricht, ist gleichermaßen auch ein Prophet. Paulus nimmt hier eine deutliche Differenzierung vor. Demzufolge möchte ich von der Gabe der Prophetie und vom charismatischen Amt oder Dienst des Propheten sprechen.

Dieser Unterschied hängt mit dem unterschiedlichen Maß der Befähigung der Glaubenden zusammen, das ich am Anfang des Buches bereits behandelt habe. Die Prophetie ist, wie alle Gaben im Neuen Testament, dem einen mehr und dem anderen weniger gegeben. Ein Hinweis darauf findet sich auch in Röm 12,6, wo Paulus erwähnt, dass die Weissagung, wie die anderen Gaben, nur in einem bestimmten „Maß" anzutreffen sei. Wir können auch hier nicht davon ausgehen, dass ein Mensch diese Gabe *besitzt*, da sie vom Heiligen Geist gewirkt wird. Nur bei der Zungenrede kann ein Mensch selbst die Initiative ergreifen, wenn er eine andere Sprache empfangen hat. Und selbst dort sehen wir, dass sie in unterschiedlicher Intensität verwendet wird, wie z. B. von Paulus, der mehr in Zungen redete als seine Geschwister (1Kor 14,18). Außerdem gilt es zu bedenken, dass der Gläubige die Gaben des Herrn auch vernachlässigen kann, wie dies z. B. bei Timotheus der Fall war, und diese neu entfacht werden müssen (1Tim 4,14; 2Tim 1,6). Auch dies trägt mit Sicherheit dazu bei, dass Unterschiede in der Ausprägung der Gaben existieren.

Einige Theologen differenzieren daher zwischen verschiedenen Stufen von Prophetie. Eine Aufteilung, die ich persönlich befürworte, ist die Gliederung in drei Ebenen, wie sie z. B. von Mike Bickle und Michael Sullivant vorgenommen wird. Dabei ist es jedoch wichtig zu erwähnen, dass diese Unterscheidung nur als Hilfsmittel angesehen werden kann, denn der Heilige Geist entzieht sich unseren scharfen Abgrenzungen, zumal auch eine stetige Entwicklung des prophetischen Dienstes stattfinden kann.

Ebene I — die einfache Prophetie

Die einfache Prophetie ist prinzipiell für jeden Christen, der sich nach Gott ausstreckt. Sie umfasst keine Ermahnungen, Anweisungen oder Voraussagen über zukünftige Dinge. Ausnahmen bestätigen natürlich auch hier die Regel. Der Anteil an eigenen Gedanken und Gefühlen, die der Prophezeiende weitergibt, ist auf dieser Ebene noch recht hoch (siehe Abbildung Seite 152). Deshalb neigen Gemeinden und Kirchen dazu, dieser Form wenig Beachtung zukommen zu lassen. Wir sollten sie allerdings als eigene Art der Prophetie betrachten, die sich weiterentwickeln kann. Je nachdem aus welchem Kontext Gläubige kommen, gebrauchen sie unterschiedliche Formulierungen, wenn sie diese einfache Form verwenden: Manche sagen, Gott habe zu ihnen geredet, oder dass sie ein Wort von Gott empfangen hätten. Andere wiederum erhalten beim Lesen der Bibel eine besondere Offenbarung zum Text. Wahrscheinlich werden nicht alle Leser dieser Ansicht sein, aber meiner Meinung nach beginnt die Prophetie schon hier. Ich würde Geschwister, die nur einen Bibelvers von Gott für die Gemeinde empfangen haben, nicht daran hindern, diesen auch weiterzugeben. Allerdings sollten wir nicht auf dieser Ebene stehen bleiben und von Gott mehr Offenbarungen erbitten, denn die Erfahrung zeigt, dass die Akzeptanz der Gemeinde nachlässt, wenn eine Person sich zu lange auf dieser Ebene bewegt.

Ebene II– die Gabe der Prophetie

Die zweite Ebene betrifft Gläubige, die regelmäßig Eindrücke, Träume, Visionen oder andere Arten von Offenbarung empfangen. Wenn ich über diese Gruppe spreche, dann nenne ich sie gern „prophetisch Begabte" oder „Personen mit der Gabe der Prophetie" (Röm 12,6; 1Kor 12,10). Diese Begabung teilt der Geist Gottes an diejenigen aus, die unseren Herrn ernsthaft darum bitten (1Kor 14,24.31). Botschaften, die solche Menschen empfangen, sind in der Regel sehr symbolhaft und treten in Form von Gleichnissen und Rätselbildern auf. Außerdem erhält diese Gruppe häufiger prophetische Informationen als die erste Gruppe. Sie ist in der Gemeinde bekannt, wird für ihren Dienst geschätzt und untersteht der örtlichen Gemeindeleitung.

Ein weitverbreiteter Irrtum ist der Gedanke, dass jemandem mit dem Charisma der Prophetie auch zwangsläufig Leitungsverantwortung zukommt. Dafür sind jedoch nicht Menschen mit der prophetischen Gabe zuständig, sondern die lokalen Leiter, die dazu begnadet sind. Die zweite Ebene der Prophetie bewegt sich in der Regel im Rahmen von Ermutigung, Trost und Ermahnung (1Kor 14,3). Menschen, die verantwortlich in dieser Gabe dienen, wissen auch, dass nicht alles, was sie empfangen, von Gott ist – obgleich der Anteil der göttlichen Offenbarung auf dieser Ebene größer sein kann als auf der ersten (siehe Abbildung Seite 152).

Welch segensreiche Auswirkungen die Geistesgabe der Prophetie haben kann, will ich an einer Begebenheit veranschaulichen, die ich vor einiger Zeit miterlebt habe: Einem jungen Mann wurde von der Kanzel ein Wort des Trostes zugesprochen. Im darauf folgenden Gespräch erzählte er mir, dass er an demselben Morgen Gott in einer problematischen Angelegenheit um Zuspruch gebeten hatte. Als er dann im Gottesdienst direkt angesprochen wurde und erfuhr, dass Gott sein Gebet erhört hatte und ihm in dieser schweren Zeit beistehen würde, hellte sich seine Seele wieder auf.

Ebene III — das Amt des Propheten

Das Amt des Propheten bekleiden Gläubige, deren Dienst in etwa dem der alttestamentlichen Propheten entspricht. Ich sage bewusst „in etwa", denn der Dienst des Propheten im Alten Testament unterscheidet sich von dem im Neuen Testament.[24]

Während die Gabe der Prophetie ein Geschenk des Heiligen Geistes an die einzelnen Gläubigen darstellt, ist der Dienst des Propheten ein Geschenk Jesu an die gesamte Gemeinde zur Zurüstung der Gläubigen (Eph 4,11-14). Menschen, die in dieses Amt gerufen sind, dienen oft durch Zeichen und Wunder und die Prüfung ihrer Offenbarungen ergibt immer wieder, dass sie das Wort Gottes zutreffend wiedergeben. Das bedeutet jedoch nicht, dass sie unfehlbar wären. Auch hier gilt: „Prüfet alles und das Gute behaltet." (1Thess 5,21) Die Glaubwürdigkeit dieser Personen steht jedoch selten in Frage, weil sie bereits auf eine große Zahl eingetroffener Prophetien zurückblicken können und dadurch ihre Zuverlässigkeit bestätigt haben.

[24] Der alttestamentliche Prophet stand zwischen Gott und dem Volk Israel. Der neutestamentliche Prophet ist in der Gemeinde integriert. Während der Prophet des Alten Testaments Autoritätsansprüche erhob, ist die Gemeinde in der Lage den neutestamentlichen Propheten zu erkennen. Er braucht sich nicht besonders herauszustellen, zumal ihm ohnehin nicht dieselbe Autorität zukommt wie dem früheren Propheten.

Da ihre primäre Aufgabe die Ausstattung und Ausbildung der Gemeinde ist, benötigen sie viel Geduld und Ausdauer. Ihr Dienst ist umfangreich und mit viel Verantwortung verbunden, was ihn nicht immer einfach macht.

Zu den Botschaften eines Propheten gehören nicht nur Ermutigung, Trost und Ermahnung, sondern auch herausfordernde Worte. Ein mir gut bekannter Prophet wurde eines Tages an das Bett einer Person geholt, die an der Schwelle zum Tod stand. Die Angehörigen beteten sehr intensiv um Heilung und viele waren auch der Überzeugung, dass Gott die betreffende Person wieder gesund machen würde. Allerdings sprach der Herr zu dem Propheten, dass er sie auf ihren Heimgang vorbereiten müsse, denn das Ziel unseres Lebens ist die Ewigkeit (1Petr 1,9) und dem Menschen ist es bestimmt zu sterben (Hebr 9,27). Letztlich verstarb die Person im Krankenbett. Mit dieser unpopulären Botschaft zog mein Freund viel Kritik auf sich. Er wurde als „ungeistlich" bezeichnet und man sprach ihm sogar den Glauben ab. Diese Erfahrung war auch schmerzhaft für ihn. Dennoch gehört beides zum Dienst des Propheten: Zeichen und Wunder zu tun, aber auch Botschaften weiterzugeben, die im irdischen Leben nicht unbedingt erwünscht sind. Schließlich ist es seine Aufgabe, Gottes Wort zu verkünden, nicht menschliche Rede.

Ich selbst bin vielen Menschen begegnet, die sich auf den Ebenen I und II bewegen. Meiner Meinung nach gehört ein Großteil der Christen, die in Gemeinden prophetisch reden, zu einer dieser beiden Gruppen. Der Dienst des Propheten ist seltener, aber überaus bereichernd für den Leib Christi. Wir werden später noch einen Blick auf diesen Dienst werfen.

Der Weg des prophetischen Wortes

Da ich sehr häufig prophetisch diene und auch darüber lehre, wird mir immer wieder die Frage gestellt, wie Gott durch diese Gabe spricht. Eine Formulierung, die ich persönlich recht passend finde, stammt von Wayne Grudem. Er schreibt darüber, dass Prophetie zunächst bedeutet „... menschliche Worte auszusprechen, um über etwas zu berichten, das Gott uns in den Sinn gibt."[25] Wie im letzten Punkt bereits betont, ist nicht alles, was Menschen im Rahmen einer Prophetie weitergeben, auch zwangsläufig von Gott. Mein früherer Weggefährte Günther Karcher hat einmal gesagt: „Prophetie ist Wiedergabe der Gedanken Gottes gebrochen durch das Prisma der eigenen Sprache und gebrochen durch die eigene Persönlichkeit."[26] Demzufolge sind prophetische Eindrücke trotz ihrer göttlichen Herkunft auch mit menschlichen Eindrücken vermengt und bedürfen einer Prüfung.

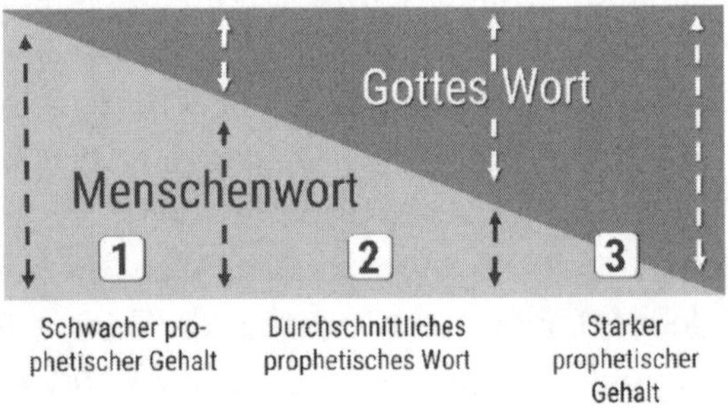

Wie unterscheiden wir nun zwischen Impulsen des Heiligen Geistes und den eigenen Gedanken? Um das zu verdeutlichen, verweise ich gern auf die Schöpfungsgeschichte. Als Gott Adam und Eva erschuf, war die Kommunikation zwischen ihm und den beiden Menschen ungestört. Sie hörten die Stimme Gottes (1Mo 3,8) und hatten eine direkte Beziehung zu Gott. Der Sündenfall, den wir im ersten Kapitel dieses Buches behandelt haben, unterbrach diese Kommunikation: Der Mensch wurde durch die Sünde von Gott getrennt. Doch Gott fand einen Ausweg, um dennoch wieder in Kontakt mit ihm zu treten. Um das zu erklären, muss ich jedoch einen kleinen Ausflug machen und auf die biblische Lehre vom Menschen zu sprechen kommen.

Die Bibel vermittelt ein eigenes Menschenbild oder besser gesagt unterschiedliche Menschenbilder. Sie spricht vom Geist des Menschen, von seiner Seele und dem sichtbaren Leib. Der Geist und die Seele stehen dabei häufig im Gegensatz zum Leib, an einigen Stellen scheinen beide wiederum ein und dasselbe zu sein. Ohne genauer darauf einzugehen, wie sich die Dinge nun genau verhalten, möchte ich erwähnen, dass die Bibel keine schroffe Trennung des Menschen

25 Grudem: Die Gabe der Prophetie, 24.
26 Karcher: Pneumatolgie II.

in drei verschiedene Teile kennt. Ich gehe somit auch nicht rigoros von einem dreiteiligen Menschenbild aus. Jedoch dienen mir diese drei Begriffe dabei, Gottes Kommunikation besser zu begreifen. Vielleicht helfen die folgende Ausführungen auch dem ein oder anderen Leser.

Der menschliche Geist gilt als wiedergeboren, sobald jemand Gottes Kind geworden ist (Röm 8,16). Zu diesem Geist spricht Gott durch seinen Heiligen Geist, der fähig ist, Gemeinschaft mit dem Geist des Menschen zu haben (1Kor 2,10f.). Unser Geist gibt diese Impulse sodann an unsere Seele weiter. Die Seele gilt als der Sitz der Gefühle, der Wünsche und des Willens eines Menschen. Sie ist unser „Ich", das Zentrum unserer Persönlichkeit (Mt 11,29; 26,38; Joh 12,27). Der Leib ist die physische Ausrüstung, durch die Geist und Seele mit dem materiellen Universum um uns herum Kontakt aufnehmen. Durch den Geist kommt der Mensch auch auf den anderen Daseinsebenen mit dem Reden Gottes in Berührung.

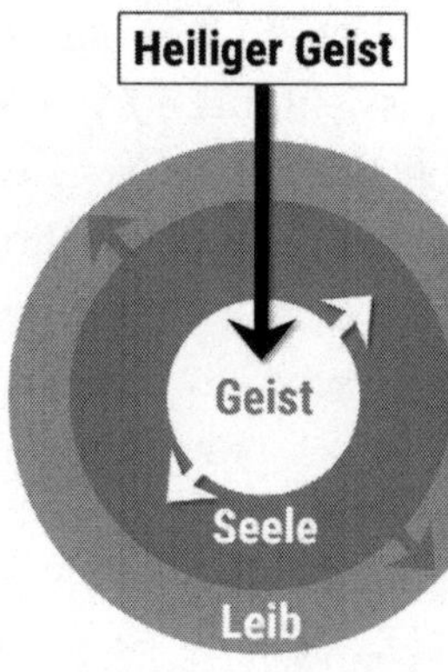

Meiner Meinung nach geschehen alle Werke, die Gott vorbereitet, grundsätzlich dreimal: einmal beim Herrn, dann im Geist und schließlich in der realen Umsetzung. Mose empfing den Plan für die Stiftshütte auch zuerst auf dem Berg Sinai, bevor dieser umgesetzt und sie tatsächlich gebaut werden konnte (2Mo 25,1-9). In Mt 6,10 heißt es nicht umsonst: „Dein Reich komme. Deine Wille geschehe wie im Himmel so auf Erden." Und wie wir bereits gesehen haben, spricht auch Paulus davon, dass der Herr einige Dinge im Himmel bereits vorbereitet hat (Eph 2,10).

Und nun kommen wir zur Bedeutung der Prophetie in dem ganzen Geschehen: Das prophetische Wort dient dazu, uns das vor Augen zu führen, was Gott tun möchte. Dann kann es zur Umsetzung des Offenbarten kommen. Nicht jede Prophetie erfüllt sich jedoch, da der Mensch durch sein Handeln auch deren Verwirklichung blockieren kann. Gott bereitet zwar Dinge vor, allerdings kommt es nicht immer zur Umsetzung.

Mir war theoretisch immer bewusst, dass Gott seine eigenen Pläne für meine drei Söhne hat. Aber in der Praxis fiel es mir nicht leicht, darüber nachzusinnen, da ich die Wege, die sie einschlugen, nicht akzeptieren konnte. Diese waren anders, als ich sie mir für meine Söhne vorgestellt hatte. Daraufhin habe ich Klagelieder vorm Herrn gesungen. Doch es kamen Zeiten, in denen mich meine Klagegebete nicht mehr trösten konnten und ich wurde an das Vaterunser erinnert. Als ich betete, Gottes Wille solle geschehen – wie im Himmel so auch auf Erden, wurde mir etwas klar: Ich hatte keine Ahnung, was dieser himmlische Plan für sie war. Ich wusste nicht, was ich als Vater tun sollte, damit Gottes Wille in ihrem Leben Einzug halten könnte. Daraufhin habe ich mein Gebet verändert und den Herrn gefragt, was seine Gedanken seien und was er sich wünsche. Als mir mehr und mehr klar wurde, wie Gottes Plan für sie aussieht, habe ich angefangen, sie anders zu behandeln. Wenn wir Menschen mit Gottes Augen ansehen und dementsprechend mit ihnen umgehen, helfen wir ihnen, das zu werden, was sie sein sollen. Als ich das tat, ließ der Frust nach und mit der Gnade Gottes fing ich an, das Himmlische auf Erden vorzubereiten. Und es geschah.

Zur besseren Einordnung möchte ich an dieser Stelle noch einen kurzen Überblick geben, auf welch verschiedene Weise Gott zu uns reden kann. Denn wenn Gott durch den Heiligen Geist zu Menschen spricht, dann handelt es sich dabei bei weitem nicht immer um Prophetie. In der folgenden Tabelle sind einige wesentliche andere Formen genannt:

Reden Gottes durch den Geist
Offenbarung der eigenen Verlorenheit (Apg 26,18)
Eingebung der rechten Worte und Gedanken in schwierigen Situationen (Mk 13,11)
Gottes Reden durch die Heilige Schrift (Joh 14,26)
Einblicke in die unsichtbare Welt (2Kö 6,16f.)
Visionen (2Kor 12,2f.)
Verschiedene Formen der Prophetie

Formen von Prophetie

Was für sein Reden durch den Heiligen Geistes allgemein zutrifft, gilt auch für die Prophetie im Besonderen: Gott wählt nicht immer dieselbe Form, um mit dem Menschen zu kommunizieren. Ich möchte uns im Folgenden einige wichtige Wege vor Augen führen, auf denen sein prophetisches Reden den Menschen erreicht.

Visionäre Prophetie

Die *visionäre Prophetie* gehört zu den Formen der Prophetie, die in unseren Kirchengemeinden am meisten auftreten. Die Gläubigen empfangen dabei *Bilder*, die vom Heiligen Geist inspiriert werden, und interpretieren sie mit der Hilfe desselben. Ein Beispiel hierfür ist die Tiervision des Petrus, von der die Apostelgeschichte berichtet (Apg 10,9-24).

Träume sind eine weitere Art der visionären Prophetie. Wir sehen in der gesamten Bibel, dass Gott durch diese Erlebnisse im Schlaf zu Menschen spricht. Dabei ist natürlich nicht jeder Traum, den wir haben, zwangsläufig von Gott – alle Menschen träumen im Schlaf und dies aus unterschiedlichen Gründen. In Joel 3,1 wird uns verheißen, dass besonders die alten Menschen von Gott Träume empfangen werden. Ich erlebe in den letzten Jahren, dass die Anzahl meiner Träume, die vom Geist Gottes gewirkt sind, zunimmt. Vielleicht geschieht das, weil ich älter werde und aufgrund meiner Lebenserfahrung immer mehr dazu neige, Eindrücke, die ich vom Herrn empfange, zu zerpflücken. Und womöglich sind die Träume in der Nacht Gottes Weg, so manchen meiner Filter zu umgehen.

Auditionäre Prophetie

Doch nicht jeder, der prophetisch aktiv ist, empfängt bildhafte Eindrücke vom Heiligen Geist. Gott spricht auch durch *auditionäre Prophetie* zu Menschen, indem er sich in Worten offenbart, die sie in ihrem Inneren hören. Für die Person, zu der der Heilige Geist spricht, ist die Stimme Gottes hörbar, während alle anderen in der Gegenwart des Empfängers sie nicht wahrnehmen. Ein berühmtes Beispiel für einen Menschen, der Gottes Reden in auditionärer Form erlebte, war Saulus, der auf dem Weg nach Damaskus zu Boden fiel und Jesu Stimme vernahm (Apg 9,3-19).

Glossaische Prophetie

Auch die Gabe der Sprachenrede kann in Verbindung mit der Gabe der Auslegung eine Art prophetische Rede sein und wird dann als *glossaische* Prophetie bezeichnet. Wenn etwa jemand in der Gemeinde eine Botschaft in Zungen erhält, die für die Versammlung ist, und ein anderer sie durch den Geist in verständliche Worte übersetzen kann, erhält diese Rede prophetischen Charakter. Gegenwärtig begegnet uns dieses Wirken des Heiligen Geistes in deutschen Kirchengemeinden seltener als noch vor etwa 30 Jahren. Damals schien es in vielen Gottesdiensten an der Tagesordnung zu sein. Womöglich liegt diese Veränderung auch daran, dass sich seither die Form der Gottesdienste und ihre Besucher gewandelt haben.

Demonstrative Prophetie

Eine Form der Prophetie, die uns in der Bibel begegnet, ist gegenwärtig fast gar nicht mehr zu beobachten: Es handelt sich um die *demonstrative Prophetie.* Sie äußert sich in Zeichenhandlungen. Es gibt zahlreiche Beispiele dazu aus dem Alten Testament. So führte Jeremia viele symbolische Handlungen durch und drückte damit sichtbar Gottes Reden aus: Unter anderem versteckte er einen Gürtel aus Leinen (13,1-11), zerbrach vor seinen Zuhörern demonstrativ einen Tonkrug (19,1-13) oder versenkte ein Buch im Euphrat (51,59-64). Ein neutestamentliches Beispiel ist der Prophet Agabus, der sich die Hände und Füße mit einem Gürtel zusammenband, um Paulus zu prophezeien, dass dieser genauso gebunden werden würde (Apg 21,10f.).

Kerygmatische Prophetie

Eine recht verbreitete Form der Prophetie, die allerdings häufig gar nicht als solche wahrgenommen wird, ist die *kerygmatische Prophetie* (verkündigende Prophetie). In seiner Vorbereitungszeit sucht der Prediger die Gegenwart Gottes und bittet ihn um die rechten Gedanken und Worte für die Verkündigung. Er fragt den Heiligen Geist, was im Moment für die Gemeinde wichtig ist und lässt sich von ihm bei der Ausarbeitung der Predigt wie auch auf der Kanzel inspirieren und leiten. Zwei biblische Beispiele hierfür sind die Reden von Petrus (Apg 4,8) und von Stephanus (Apg 7,55). Von ihnen heißt es, sie seien beide während der Predigt voll Heiligen Geistes gewesen. Diese Art der Prophetie ist besonders wirkungsvoll, denn die Hörer sind in der Regel offen für die Verkündigung und der Sprecher verfügt auch über einen gewissen zeitlichen Rahmen, um die Botschaft mit verschiedenen Mitteln zu verdeutlichen. Meiner Meinung nach sollte jeder Prediger den Anspruch haben, dass seine Predigt geistgewirkt ist.

Voraussetzungen, die prophetische Gabe zu empfangen

Um Gottes Stimme zu hören, ist es zunächst entscheidend, ein Kind Gottes zu sein, Jesus entschieden nachzufolgen und sich in seinen Dienst zu stellen. Jeder Mensch hat von Gott eine individuelle *Berufung* erhalten.[27] Manch einer ist womöglich in dem Glauben, dass Gott erst dann anfängt, sich Gedanken über ihn zu machen, wenn er zum Glauben kommt, und sich dann überrascht fragt: „Was fange ich jetzt mit ihm (oder ihr) an?"

Doch so ist es nicht! Die Berufung Gottes für das Leben des Einzelnen ist Teil seines himmlischen Plans, der bereits feststeht, bevor der Mensch für den Herrn auch nur einen Finger gerührt hat. Paulus drückt diesen Zusammenhang unter anderem in Eph 2,10 aus:

> *Denn wir sind sein Werk, geschaffen in Christus Jesus zu guten Werken, die Gott zuvor bereitet hat, dass wir darin wandeln sollen.*

Auf diese Berufung gilt es sich einzulassen. Weder Bibelschule noch Disziplin, Fasten oder Beten werden sie verändern. Geistliche Übungen können jedoch dazu beitragen, dass diese göttliche Vorherbestimmung

---

[27] Der Begriff Berufung wird unterschiedlich gefüllt und im Neuen Testament nicht immer so verwendet wie hier. Wenn ich von Berufung spreche, meine ich damit eine Art Plan oder Bestimmung von Gott für jeden einzelnen Menschen. Es geht nicht um den generellen Heilsweg, den der Herr für alle vorgesehen hat, wie etwa die Gotteskindschaft.

gefördert und freigesetzt wird. Es geht also nicht darum, Gott dazu zu bewegen, jemanden zum Propheten zu ernennen oder eine geistliche Gabe zu verleihen. Vielmehr sollen die Gaben und Berufungen, mit denen er uns bedacht hat, wachgerufen werden. Die Gläubigen sind angehalten, mit der Gnadengabe zu dienen, die ihnen zuteil geworden ist (1Petr 4,10). Denn vergessen wir nicht: Alle Gaben sind wichtig und wertvoll und besitzen große Bedeutung für den Leib Christi. Damit die Gemeinde wachsen und sich gesund entfalten kann, will Jesus jedes seiner Kinder einsetzen, sodass wir einander mit den Gaben dienen, die uns gegeben worden sind. Eine solche innerliche Bereitschaft ist nötig, um die Charismen zu empfangen – auch die prophetische Rede. Es steht geschrieben, dass wir nach allen Gaben eifern sollten, und besonders, dass wir weissagen (1Kor 14,1; 2Tim 1,6; 1Kor 12,31). Wenn wir aber nur der prophetischen Rede nachjagen, jedoch die anderen Werke außer Acht lassen, die Gott vorbereitet hat, werden wir am Ende womöglich mit leeren Händen dastehen.

Wie soll aber nun der rechte Eifer nach dem Prophetischen, dieses Streben oder Brennen – wie andere es auch übersetzen – in der Praxis aussehen? Für mich persönlich bedeutet dies, mit Jesus in Verbindung zu stehen und in ihm zu sein, denn ohne ihn können wir nichts tun (Joh 15,1-8). Er spricht heute noch und seine Schafe hören seine Stimme (Joh 10,27). Doch ein wesentlicher Schlüssel dafür, den Hirten zu erkennen, liegt in unserer Beziehung zu ihm.

Mit Eifern soll also keinesfalls ein verkrampftes Suchen gemeint sein. Wenn Menschen versessen sind auf Prophetie, besteht die Gefahr, dass sie schließlich auf Natürliches oder Menschliches zurückgreifen und meinen, es sei vom Geist. Stattdessen sollten sie sich dem Heiligen Geist und seinem Reden zuwenden, sodass ihr Fokus auf ihm ruht – wie eine *(geistliche) Antenne,* die auf Empfang gestellt ist.

Bei alledem scheint es mir essentiell, die eigenen Motive vor Augen zu haben. Wir sollten uns die Frage stellen, warum wir diese Gabe eigentlich suchen. Ist es vielleicht doch ein wenig Geltungsdrang, der in unserer Seele schlummert? Oder hegen wir womöglich den Wunsch, etwas Besonders zu leisten, um uns dadurch auszuzeichnen? Diese und ähnliche Beweggründe sind keine guten Voraussetzungen dafür, Gottes Gaben zu empfangen. Triebkraft unseres Strebens sollte immer die Liebe sein, Liebe zu Gott, zur Gemeinde und zu Menschen.

Hindernisse, die Stimme Gottes zu hören

Selbst wenn wir all die nötigen Voraussetzungen erfüllen, um die prophetische Gabe zu empfangen, bedeutet das noch nicht unbedingt, dass wir Gottes Stimme zu hören vermögen. Es gibt einige Faktoren, die das erschweren oder ganz verhindern können. Ich möchte sie im Folgenden kurz skizzieren:

Mangel am Wort Gottes Das Wort Gottes macht uns sensibel für die Stimme Gottes (Kol 3,16).
Mangel an enger Beziehung zu Gott Je tiefer und intensiver die Beziehung, desto sensibler wird unser Gehör (Hebr 4,14).
Mangel an Erkenntnis der Gnade Gottes Wenn unser Gottesbild verzerrt ist, fällt es uns schwer, seine Stimme wahrzunehmen (1Kor 4,1-2).
Mangel an Glauben Mangelnder Glaube schränkt die eigene Bereitschaft zu hören ein und Glaube ist vom Herrn erwünscht (Hebr 11,6).
Mangel an Gehorsam Ungehorsam blockiert Gottes Stimme und die Kluft zwischen dem, was wir sagen und dem, was wir tun, schadet uns (König Saul in 1Sam).

Der Zweck von Prophetie

Alles, was der Herr tut, hat einen Sinn. Nichts geschieht umsonst und so soll auch die Prophetie ihren Zweck erfüllen. Zuallererst einmal gilt der seelsorgerliche Auftrag. Prophetie hat immer dieses Ziel, andernfalls ist sie fragwürdig, da sie nicht dem Anspruch der Heiligen Schrift gerecht wird. In 1Kor 14,3f. finden wir dieses Dreigestirn des prophetischen Auftrages, das den o. g. seelsorgerlichen Schwerpunkt ausdrückt: Erbauung, Ermahnung und Tröstung.

> *Wer aber weissagt, redet zu den Menschen zur Erbauung und Ermahnung und Tröstung. Wer in einer Sprache redet, erbaut sich selbst; wer aber weissagt, erbaut die Gemeinde.*

Darüber hinaus kann Prophetie der Freisetzung von Menschen für ihre Berufung dienen und die Botschaft vom Evangelium als Zeichen begleiten und bestärken. Darüber werden wir in den nächsten Abschnitten bald mehr erfahren.

Generell sei bemerkt, dass Prophetie sich nicht primär auf die Zukunft bezieht. Auch wenn es sich hier um eine weit verbreitete Annahme handeln mag, trifft diese nicht zu. Die Prophetie spricht über alle Zeiten: Vergangenheit, Gegenwart (Apg 5,1) und Zukunft (Apg 11,28). Ihr Zweck liegt nicht darin, das Kommende vorherzusagen – wie eine Art christliche Wahrsagerei, sondern zu erbauen, zu ermutigen und zu trösten.

Diese drei grundlegenden Aspekte des seelsorgerlichen Auftrags von Prophetie wollen wir nun als Erste betrachten:

Prophetie zur Erbauung

Der Begriff Erbauung stammt aus dem Bauwesen. Ein Gebäude wird nach den Methoden und dem Plan eines Architekten erstellt. Dieser hat sein Vorhaben gut durchdacht und sorgt dafür, dass es nun solide und belastbar aufgerichtet wird. Ebenso erbaut auch Prophetie ihre Empfänger und schenkt ihnen Stabilität. Das bedeutet jedoch nicht, dass Prophetie immer angenehm (im Sinne von „erbaulich“) sein müsste. Erbauung kann auch da stattfinden, wo ein Mensch liebevoll korrigiert wird.

Prophetie zur Ermahnung

Über das Ermahnen, das im Neuen Testament *Paraklesis* heißt, herrschen leider noch immer einige Missverständnisse. Der Begriff hat wenig mit der Bedeutung gemeinsam, wie man sie aus dem deutschen Sprachgebrauch kennt. Hier ist eine Ermahnung zunächst eine

Maßregelung bei Fehlverhalten. Leider meinen immer noch einige, der Begriff in 1Kor 14,3 sei genauso zu verstehen. Ich habe sogar schon von Prophetien gehört, die den Charakter einer Abmahnung hatten. Doch *Paraklesis* bedeutet auch ermutigen und beistehen. Hier geht es also nicht um eine Mahnung oder Zurechtweisung, wie wir es aus dem modernen Sprachgebrauch gewohnt sind, sondern darum, einer Person die korrekte Richtung aufzuzeigen. Der Mensch braucht auf seinem Weg Orientierung und Stärkung. Er kommt immer wieder von der Strecke ab oder verliert die Richtung. Prophetie schenkt Hilfestellung und Weisung, damit wir zum Ziel gelangen.

Prophetie zum Trost

Schließlich ist Prophetie auch Balsam für das Herz. Trost[28] richtet einen Menschen in seinem Leid und seiner Niedergeschlagenheit wieder auf. Jeder von uns weiß, wie oft solch ein Zuspruch die Situation entscheidend ändern kann. Bei Krankheiten, Verlusten und anderen Problemen steht wir oft hilflos da. Darum hat unser Herr uns die Prophetie gegeben: Um seine Gedanken über uns zu offenbaren und uns damit zu trösten.

In jedem Fall ist deutlich geworden: Der eigentliche Zweck von Prophetie ist es, Lösungen und Hilfestellungen zu geben. Prophetie lässt den Menschen nicht im Regen stehen, sondern bietet immer Hoffnung, eine neue Perspektive und einen Ausweg.

Prophetie zur Freisetzung von Berufung

Wie bereits angedeutet ist der Nutzen von Prophetie nicht nur auf die seelsorgerliche Dimension beschränkt. Sie offenbart auch geistliche Gaben und das in uns wohnende Potential (1Tim 1,18). Der Schöpfer kennt nicht nur unseren Ist-Zustand, sondern weiß auch, was aus uns werden kann. Durch die Prophetie sehen wir uns mit den Augen des Herzens Gottes. Galileo Galilei schrieb einst: „Man kann einen

[28] Das griechische Wort *paramythia*, meint „freundlich zureden, aufmuntern" und ist einmalig im Neuen Testament. In antiken Papyri meint es „Trost" nach einer beschwerlichen oder bedrängten Lage.

Menschen nichts lehren; man kann ihm nur helfen, es in sich selbst zu finden." Prophetie weist uns dabei den Weg, sodass wir entdecken, was Gott in uns hineingelegt hat.

Tagein tagaus sehe ich Menschen, die ihr gottgegebenes Potenzial nicht ausschöpfen. Wenn es nach mir ginge, würde ihnen am liebsten deutlich meine Meinung sagen. Meine Worte würden vermutlich eher einer Ermahnung im deutschen Sinne gleichkommen. Doch das ist nicht die Art unseres Herrn, mit seinen Kindern zu sprechen. Wenn ich mich aber daran erinnere, dass Prophetie gegeben wird, um Menschen auf dreifache Weise seelsorgerlich zu dienen, hilft mir das, ihnen angemessen zu begegnen.

Prophetie zur Unterstützung der Botschaft vom Evangelium

Nun sei ein letzter wichtiger Nutzen der Prophetie erwähnt, und zwar ihr evangelistischer Charakter, den Paulus in 1Kor 14,24 betont.

> *Wenn aber alle prophetisch reden und ein Ungläubiger oder Unkundiger kommt herein, dann wird er von allen überführt, von allen geprüft. (EUE)*

Es wird deutlich, dass Prophetie eine enorme Durchschlagskraft entwickelt, wenn es darum geht, dass Gott Ungläubige zurechtbringen und sich zu erkennen geben möchte. Ein neutestamentliches Beispiel, wie sich diese Wirkung des Heiligen Geistes im Leben eines Menschen entfaltet, ist die Frau am Jakobsbrunnen (Joh 4,16-19).

Auch ich habe es schon mehrfach erlebt, dass Fremde in einen Gottesdienst kamen und durch eine Prophetie vom Heiligen Geist angesprochen wurden. Schlagartig wurden sie der Tatsache gewahr, dass es einen Gott gibt, der sie sehr gut kennt, ernsthaftes Interesse an ihnen hat und ihnen helfen möchte. Aufgrund dessen haben sie sich dafür entschieden, sich auf Gott einzulassen und ihn kennenzulernen.

Die Kraft, die von einer einzigen Prophetie ausgehen kann, übersteigt alles, was Menschen tun können. Eines Tages kam einer unserer Jugendleiter zu mir und berichtete aufgeregt: Ein neuer Jugendlicher habe sich entschieden, Jesus zu folgen, nachdem ich ihm prophetisch gedient hätte. Der junge Mann sei zum ersten Mal in der Veranstaltung gewesen, weil ihn eine Freundin eingeladen habe. Er habe nicht so recht etwas mit Kirche anzufangen gewusst, aber gern das prophetische Gebet für sich in Anspruch nehmen wollen. Nachdem ich für ihn gebetet hätte, habe er die Sehnsucht verspürt, Teil der Gemeinde zu werden und mehr von Jesus zu erfahren. Er habe verstanden, dass er einen Vater im Himmel habe und sei sehr berührt davon. Mein Jugendleiter sagte verwundert zu mir: „Wir haben es noch gar nicht geschafft, ihm von Jesus zu erzählen und schon ist er ein gläubiger Mann.“ Ich konnte ihm nicht mehr dazu sagen, außer dass solche Dinge passieren, wenn Menschen durch den Heiligen Geist angesprochen werden. Prophetie bringt die Realität Gottes in das Leben der Menschen, die ihn noch nicht kennen.

Weitergabe der Prophetie

Kommen wir nun zu einem sehr wichtigen Aspekt, der vor allem die Überbringer der göttlichen Botschaften betrifft: Denn nicht nur das „Was“ oder das „Wozu“ ist hier entscheidend, sondern vor allem auch das „Wie“! Wenn eine Prophetie nicht angenommen wird, bedeutet das nämlich nicht zwangsläufig, dass sie nicht vom Heiligen Geist inspiriert war. Es kann auch sein, dass die Ursache für die Ablehnung in der Art und Weise begründet ist, wie die Botschaft weitergegeben wurde. Manche Menschen haben ein mangelndes Bewusstsein dafür, wie sie auf Mitmenschen wirken. Womöglich legen wir besonders viel Augenmerk auf das, was wir sagen, vergessen aber, dass noch andere Anteile von uns „mitreden“. Die einzelnen Komponenten der Kommunikation fallen dabei unterschiedlich ins Gewicht. Laut Albert Mehrabian[29] hat der Inhalt eine Wirkung von etwa 7 %. Die Sprechweise hat mit 38 % deutlich mehr Einfluss. Auch der Wirkfaktor der Körpersprache, der mit 55 % von allen der höchste ist, wird häufig unterschätzt. Die restlichen Komponenten werden von anderen Faktoren wie Umgebung und Zeitpunkt der Weitergabe gebildet. Die These von Mehrabian wird von vielen seiner Zunft als Mythos bezeichnet. Ob sie stimmen mag oder

[29] Mehrabian: The Journal of Counselling Psychology, 248–252.

nicht: Wir sehen, dass die anderen Komponenten einer Botschaft leicht unterschätzt werden können. Selbst wenn diese Faktoren nicht derart gewichtet werden können, auf den reinen Inhalt einer Botschaft kommt es nie alleine an. Auf diese Zusammenhänge müssen wir achten, wenn wir Prophetien weitergeben! Zudem sind Menschen verschieden und fassen deswegen Aussagen auch ganz unterschiedlich auf. Daher sollten wir bei der Prophetie die Worte von dem berühmten Verhaltensforscher Konrad Lorenz im Hinterkopf behalten:

> *Gedacht ist noch nicht gesagt, gesagt ist noch nicht gehört, gehört ist noch nicht verstanden, verstanden ist noch nicht einverstanden, einverstanden ist noch nicht angewendet, und angewendet ist noch nicht beibehalten.*

Im Hinblick auf die Weitergabe des prophetischen Eindrucks ist es auch wichtig, nicht einfach nur die Botschaft loszuwerden, sondern dabei die betroffenen Menschen im Blick haben. Prophetie ist nicht dazu gedacht, andere zurechtzustutzen, sondern um ihnen zu helfen. Ein Negativbeispiel aus dem Alten Testament ist der Prophet Jona. Er erwartete, dass sich die Gerichtsprophezeiung erfüllen würde – ohne Rücksicht auf Verluste. Als die Menschen Buße taten und Gott sie verschonte, wurde Jona zornig darüber (Jona 3,10; 4,1-4). Jona hatte nicht begriffen, worum es Gott ging. Wir haben gesehen, dass in 1Kor 12 die Wirkungen des Geistes genannt sind. In Kapitel 13 hingegen wird aufgezeigt, dass sie nur dann Wert haben, wenn sie in Liebe weitergegeben werden. Erst in Kapitel 14 wird schließlich erwähnt, wie und wo die Gaben anzuwenden sind. Diese Reihenfolge ist nicht zufällig entstanden, sondern Paulus verfolgt das Anliegen, die Liebe als Basis der Gaben zu beschreiben.

Bei aller Übernatürlichkeit der Offenbarungen Gottes gilt es festzuhalten, dass wir sie stets bei voller Kontrolle über unser Bewusstsein empfangen. In der griechischen Umwelt des Neuen Testaments wurde zwischen Mantik und Prophetie unterschieden. Mantik bedeutet Wahrsagen in einer Art Trance und unter Fremdsteuerung. Die redende Person ist dabei nur ein Medium, nicht ein bewusst handelndes Subjekt. Bei der neutestamentlichen Prophetie erfolgt die Weitergabe der Botschaft dagegen bei wachem und klarem Bewusstsein. So sagt Paulus in 1Kor 14,32 unmissverständlich, dass „... die Geister der Propheten den Propheten untertan sind.“ Damit ist jedoch nicht gesagt, dass der *Heilige Geist* dem Propheten unterstünde, sondern, dass der eigene Geist des Propheten ihm untergeordnet ist. Auch hier sei also daran erinnert, dass wir nicht einen Geist empfangen haben, „... der uns zu Sklaven macht ...“ (Röm 8,15). Der Diener Gottes behält beim Weissagen stets die Kontrolle und muss nicht unter einem unwiderstehlichen Zwang prophetisch reden. Daher ist es unangebracht, ein spirituelles Spektakel zu veranstalten. Die Weitergabe kann völlig natürlich geschehen. Auch verändern manche Menschen aus Unwissenheit während der Weitergabe der Prophetie ihre Stimme und nehmen eine drohende Haltung ein. Auch dies ist nicht geboten.

Außerdem dürfen wir in Bezug auf das Timing wissen, dass der Heilige Geist nicht an einen Gottesdienst gebunden ist. Der Weissagende kann den rechten Zeitpunkt also selbst bestimmen – und das sollte er auch, denn es gibt Situationen, die zwar geeignet sind, eine Prophetie zu empfangen, allerdings nicht, um sie auszusprechen.

Folgende Formulierungen, wie sie oft verwendet werden, können als Einleitung hilfreich sein:

- „Ich habe den Eindruck, dass der Herr uns sagen will ...“
- „Der Herr hat zu mir gesprochen ...“
- „Ich habe ein Bild gesehen ...“

Bei der Weitergabe ist allerdings nicht die äußere Form wesentlich, sondern dass weitergegeben wird, was Gott gesprochen hat. Zum Wohle des einzelnen Zuhörers oder der Gemeinde sollte sich der Überbringer beim Prophezeien kurz fassen. Es ist nicht nötig, das Empfangene breit auszuschmücken und eine umfangreiche Rede zu halten – es sei denn, es handelt sich um eine kerygmatische Prophetie und die örtliche Gemeindeleitung hat grünes Licht dafür gegeben. Wir sollten außerdem nur das weitergeben, was wir auch tatsächlich vom Herrn empfangen haben, und nicht noch etwas hinzufügen (Spr 30,6).

Bei alledem ist es wichtig, sich den geistlichen Leitern vor Ort unterzuordnen. Wer prophezeit, ist nicht der Einzige, der vom Heiligen Geist geleitet wird. Die Leiter vor Ort wissen auch, wann der rechte Zeitpunkt gekommen ist, um die Botschaft weiterzugeben. Schließlich wirkt der Heilige Geist vielfältig in der Gemeinde und nicht nur durch Einzelne. Damit alle gesegnet werden, sollte eine gewisse geistliche Ordnung herrschen (1Kor 14,29-33). Denn wenn sich zum Beispiel zu viele Eindrücke und Wirkungen des Geistes aneinanderreihen, überfordern diese womöglich die Zuhörer. Der Gottesdienst wird schlicht zu lang und das Gesagte kann irgendwann auch nicht mehr richtig zur Kenntnis genommen werden. In solchen Situationen ist es eventuell nicht ratsam, das Reden des Geistes sofort weiterzugeben, denn es soll doch tatsächlich gehört werden.

Die Entscheidung, wie mit dem Geweissagten umzugehen ist, bleibt immer der betroffenen Person überlassen. Auch der Prophet Agabus teilte Paulus lediglich mit, was ihn in Jerusalem erwarten würde. Er hatte seinen Auftrag ausgeführt. Was nun geschehen sollte, überließ er Paulus selbst und versuchte auch nicht, ihn mit seinem Reden zum Handeln zu bewegen (Apg 21,10-12).

Prüfung von Prophetie

Paulus lehrt uns, Weissagung nicht zu verachten, sie allerdings auch zu prüfen (1Kor 14,29; 1Thess 5,20f.). Prophetische Rede hat schon viele Menschen und Gemeinden erbaut und gesegnet, auf der anderen Seite allerdings auch immer wieder so manche Konflikte und Nöte hervorgerufen. Die Ursachen für solche negativen Auswirkungen können verschieden sein. In manchen Fällen sind Menschen sicher auch unsachgemäß mit Prophetien umgegangen, in anderen haben schlicht und einfach falsche Propheten gewirkt. Vor Letzteren haben bereits Jesus (Mt 7,15; 24,11.24) und die Apostel (u. a. 1Joh 4,1) gewarnt. Umso wichtiger ist es, zunächst den Weissagenden selbst zu betrachten.

Häufig sammelt sich um Personen, die falsche Prophetien weitergeben, eine beträchtliche Anhängerschaft, während andere, die die

Botschaften des Heiligen Geistes verkünden, mitunter sogar für ihren Dienst geächtet werden. Die Akzeptanz oder die Ablehnung einer Person durch ihr Umfeld ist daher nicht zwingend aufschlussreich. In Jer 23,11-26 werden falsche Propheten beschrieben. Es sind Personen, die Sünde bei sich und anderen dulden, unehrlich sind und Dinge reden, die die anderen gern hören wollen. In Kol 2,18 warnt auch Paulus vor Menschen, die egoistisch und eitel sind. Wer keine Bereitschaft mitbringt, sich einer örtlichen Leitung unterzuordnen oder seine Prophetien prüfen zu lassen, hat auch kein Recht, im Namen Gottes zu reden. Grundsätzlich sollten wir Personen, die sich selbst groß machen statt unseren Herrn, kein Gehör schenken. Auch aufrührerische Persönlichkeiten, die Leute um sich scharen, um mit ihnen theologische Sonderwege zu gehen, sollten kein Publikum finden, denn unser Gott ist ein Gott des Friedens (1Kor 14,33). Zudem gibt es einen Unterschied zwischen Prophetie und Lehre – doch dazu später mehr. Meist bringen solche Persönlichkeiten keine guten „Früchte" hervor und dadurch können wir sie entlarven (Mt 7,20).

Doch selbst wenn die Person, von der die prophetischen Worte ausgehen, nicht fragwürdig ist, sondern gottesfürchtig, haben wir keine Garantie dafür, dass Gott durch sie spricht. Wie ich bereits dargelegt habe, enthält Prophetie auch immer menschliche Anteile und als Menschen sind wir nun einmal fehlbar. Wir sehen im Neuen Testament, dass Propheten geweissagt haben. Die Gemeinde sollte jedoch ihre Worte beurteilen (1Kor 14,29). Es ist hilfreich, Prophetien nicht allein zu prüfen, sondern auch die Meinung von reifen Geschwistern einzuholen. Diese können mit ihren Erfahrungen und ihrem geistlichen Gespür Dinge wahrnehmen, die uns vielleicht entgangen sind. Christen brauchen also die Fähigkeit, Richtig und Falsch voneinander zu unterscheiden. Dazu möchte ich im Folgenden einige Prüfkriterien nennen.

Prüfkriterien für Prophetie

1. Sie verherrlicht Jesus

Zunächst wollen wir festhalten, dass Prophetie immer zuallererst Jesus die Ehre gibt. Er hat vor allem Vorrang (Kol 1,18) und sollte stets im Mittelpunkt des Gesagten stehen. Jede Rede, die Menschen und andere Dinge verherrlicht, entspringt nicht dem Heiligen Geist. Auch darf eine Prophetie nie ein Anlass dafür sein, stolz zu werden. Dies betrifft sowohl den Prophezeienden als auch den Hörer. Sie wird vom Heiligen Geist gewirkt und ist keine Auszeichnung für besondere religiöse Leistung.

2. Sie ersetzt nicht die Schrift

Prophetie unterscheidet sich von Lehre. Während uns in der Bibel durch ihre Autoren normative, theologische und ethische Leitlinien weitergegeben werden, ist das prophetische Wort ein spontaner Impuls des Heiligen Geistes. Sie kann das geschriebene Wort Gottes nicht ersetzen und sollte seinem Zeugnis keinesfalls widersprechen. Wenn der Inhalt einer Prophetie mich zu einer Unternehmung veranlasst, die im Gegensatz zur biblischen Botschaft steht, handelt es sich hierbei wohl eher um menschliche Gedanken, jedoch nicht um einen Impuls vom Heiligen Geist. Der Weissagende sollte sich immer der inspirierten Heiligen Schrift unterordnen. Mit den Schriften der Augenzeugen Jesu hat sich der Kanon des Neuen Testaments selbst zusammengesetzt, indem die einzelnen Schriften unter den frühen Zeugen Jesu eine allgemeine Anerkennung fanden und wurde infolgedessen auf der Synode von Rom (382) abgeschlossen. Er wird nicht wieder verändert, um neue Sonderlehren und Ausnahmen hinzuzufügen.

Das mag den meisten von uns klar sein, doch leider gibt es immer wieder Gemeinden, in denen prophetische Worte weitergegeben werden, die fernab vom biblischen Zeugnis sind. Obwohl sie der Schrift offenkundig widersprechen, werden sie geglaubt und umgesetzt. Das darf nicht sein!

Einmal kam ein Mann auf mich zu, der meinte, vom Herrn gehört zu haben, dass er seine Frau für eine jüngere Dame verlassen solle. Ich fragte ihn, ob er tatsächlich glaube, dass Gott seinetwegen seine Meinung zur Ehe verändern würde. Eine anderer Christ erzählte mir wiederum, Gott hätte ihm offenbart, dass eine Spaltung der Gemeinde bevorstünde und sie sich nun darauf vorbereiten müsste. Für mich besteht in solch einem Fall ernsthaft die Frage, wie der Herr heißt, von dem Menschen solche Botschaften bekommen.

3. Sie erfüllt den dreifachen Zweck

Erbauung, Ermahnung und Tröstung bilden das Hauptziel von Prophetie (1Kor 14,3-4). Prophetische Worte, die diesen Dreiklang nicht enthalten, sollten nicht sogleich abgewiesen werden. Allerdings halte ich es für sinnvoll, diese genauer zu betrachten. Wenn eine Prophetie niederschmettert oder entmutigt, dann ist sie oder ihr Überbringer zu hinterfragen.

4. Sie bewirkt Freiheit und keine Diktatur

Vom Heiligen Geist eingegebene Prophetie bewirkt Freiheit, keine Knechtschaft (2Kor 3,17). Sie ist niemals darauf ausgerichtet, eine geistliche Diktatur zu errichten. Alles, was die Unabhängigkeit, die Individualität und die Verantwortung einer Person zerstört, ist nicht vom Heiligen Geist. Gott hat uns nicht erschaffen, damit wir zu Marionetten werden, sondern jedem von uns eine eigene Persönlichkeit gegeben. Der Friede des Heiligen Geistes sollte bei uns gegenwärtig sein und in unseren Herzen regieren (Kol 3,15).

5. Sie geht in Erfüllung

Natürlich sollte eine Prophetie auch eintreffen, wenn sie tatsächlich von Gott eingegeben wurde. Besonders im Alten Testament sehen wir deutlich, dass auf dieses Kriterium Wert gelegt wurde (5Mo 18,21f.). Die Prüfung einer Prophetie anhand der Tatsache, ob sie sich auch wirklich erfüllt, muss allerdings unter Vorbehalt geschehen: Sie ist nicht auf alle Prophetie anwendbar, da wir selbst auch dazu beitragen können, dass Weissagungen nicht eintreffen. Der Herr mag dem Menschen Verheißungen geben, aber wenn dieser nicht dementsprechend handelt, werden diese Zusagen nicht Wirklichkeit werden. So wurde dem Volk Israel auch verkündigt, es werde ins gelobte Land gelangen, aber durch ihr Handeln waren sie letztendlich gezwungen, 40 Jahre in der Wüste zu verbringen (4Mo 32,13). Daher sind zeitliche Angaben unter Vorbehalt zu betrachten, wenn wir Prophetien empfangen und es ist auch nicht ratsam, sie weiterzugeben.

6. Sie fließt aus einer geläuterten Quelle

Schließlich sollte auch der Lebenswandel des Prophezeienden selbst überprüft werden. Auch wenn es sich nicht um einen falschen Propheten handelt (wie zuvor beschrieben), erlaubt das Leben des Überbringers möglicherweise einige Schlüsse: Womöglich gibt es Themen, die ihn gegenwärtig beschäftigen, und daher zu vermeintlich prophetischen Worten werden etc.

Bereiche, in denen Prophetie nicht ratsam ist

Weil sie ein großes Risiko für Missbrauch bergen und falsche Prophetien in der Vergangenheit hier massiven Schaden angerichtet haben, will ich abschließend noch einige Gebiete beleuchten, wo Prophetie nicht angewendet werden sollte.

Ein sensibler Lebensbereich ist das Thema Heiratsvermittlung. Ich habe Menschen kennengelernt, die aufgrund einer Prophetie eine Beziehung und schließlich eine Ehe eingegangen sind. Anschließend waren die betroffenen Personen enttäuscht von Gott. Niemand sollte seinen Partner allein aufgrund der Aussage einer oder mehrerer Personen aussuchen. Zudem gibt es für die Partnerwahl noch wichtige andere Kriterien. Außerdem neigen Menschen dazu, ihre eigenen Wünsche zu Gottes Willen zu erklären, wenn sie etwas besonders begehren. Daher müssen beide Partner (nicht nur eine Seite!) ein Reden vom Herrn empfangen haben, bevor sie solch eine wesentliche Entscheidung treffen.

Einmal kam ein Mann auf mich zu und sagte, dass er mit Gott noch ein Hühnchen rupfen müsse. Dieser habe ihm eine äußerst schwierige Frau gegeben, die überhaupt nicht zu ihm passe. Ihre Ehe sei eine einzige Katastrophe. Welchen Beitrag er selbst an seiner Misere hatte, konnte ich nicht beurteilen. Ich teilte ihm jedoch liebevoll mit, dass er seinen Kopf nicht nur zum Hüte tragen bekommen habe. Er hätte ihn damals auch benutzen können.

Wesentliche Lebensentscheidungen sollten grundsätzlich nie allein aufgrund von Prophetien getroffen werden. Häufig offenbart der Herr durch eine inspirierte Rede, was bereits in dem Menschen lebt, und zeigt nicht völlig fremde Wege. Das prophetische Wort ist also kein Karriere- und Berufsvermittler. Die Entscheidungen dafür werden von dem Betroffenen in einem Gebets- und Findungsprozess zusammen mit Gott selbst errungen. Um Fehler zu vermeiden und die Weichen in den wichtigen Fragen des Lebens gut zu stellen, ist es also wichtig, neben den Geistesgaben „Wort der Weisheit" und „Wort der Erkenntnis" auch gute Berater zu haben

Wir sollten außerdem hellhörig werden, wenn Prophetie der Ämtervermittlung in der Gemeinde oder der Entfernung von Menschen aus bestimmten Positionen dienen soll. Ich habe immer wieder erlebt, dass Stellen in Gemeinden aufgrund einer vermeintlichen Weisung Gottes sehr schlecht besetzt wurden, was letztlich nur zu Spannungen und Konflikten geführt hat. Manchmal wurden prophetische Worte auch dazu zweckentfremdet, um sich gewisser Personen zu entledigen, von denen man glaubte, sie seien nicht richtig in ihrem Amt. Aus Angst vor der Konfrontation wurde dann eine Prophetie vorgeschoben. Eine solche Art des Umgangs ist jedoch nicht rechtens. Hier ist die Leitung der Gemeinde gerufen, ihren Stand einzunehmen.

Leider ist es auch nicht selten, dass Prophetie auf ähnlich manipulative Weise genutzt wird, um etwa den Geschwistern in der Gemeinde gewisse Geschmacksrichtungen und Stile aufzuzwingen. Auch dafür darf sie nicht zweckentfremdet werden.

Als Christen, die mit der Gabe der Prophetie umgehen, sollten wir auch Vorsicht walten lassen bei geschäftlichen Entscheidungen und Spenden. Traurigerweise habe ich schon erleben müssen, dass Menschen aufgrund gewisser Weissagungen hohe Summen an Kirchen spendeten. Ihnen wurde die Zusage erteilt, dass sie besonderen finanziellen Segen erfahren würden, wenn sie der Forderung des Herrn nachkämen und eine beträchtliche Spende leisteten. Ich bin jedoch der Meinung, dass Spenden stets freiwillig und ohne jegliche Beeinflussung von außen gegeben werden sollten (Apg 5,4; 2Kor 9,7).

11 Der fünffältige Dienst

Wer über die befähigende Gnade und die Gnadengaben *(Charismata)* spricht, darf dabei einen bedeutenden Abschnitt im Neuen Testament nicht außer Acht lassen: Im Eph 4,11ff. führt der Apostel Paulus die fünf charismatischen Ämter auf, die Jesus seiner Gemeinde gegeben hat:

> *Und er setzte die einen als Apostel ein, andere als Propheten, andere als Evangelisten, andere als Hirten und Lehrer, um die Heiligen für die Erfüllung ihres Dienstes zuzurüsten, für den Aufbau des Leibes Christi, bis wir alle zur Einheit im Glauben und der Erkenntnis des Sohnes Gottes gelangen, zum vollkommenen Menschen, zur vollen Größe, die der Fülle Christi entspricht. Wir sollen nicht mehr unmündige Kinder sein, ein Spiel der Wellen, geschaukelt und getrieben von jedem Widerstreit der Lehrmeinungen, im Würfelspiel der Menschen, in Verschlagenheit, die in die Irre führt. Wir aber wollen, von der Liebe geleitet, die Wahrheit bezeugen und in allem auf ihn hin wachsen. Er, Christus, ist das Haupt. (Eph 4,11-15)*

Die Personengruppen, die hier genannt sind, werden von den einen als „charismatische Ämter" betitelt, von anderen wiederum als „Dienstgaben". Beide Namen sind nach meinem Ermessen legitim und mit dem neutestamentlichen Zeugnis vereinbar. Zwar begegnet uns dort keine der soeben erwähnten Begrifflichkeiten, auch nicht die von mir verwendete Bezeichnung „fünffältiger Dienst", doch wird uns eine Reihe von fünf Ämtern aufgezählt. Aus dem Text geht hervor, dass diese speziellen Begabungen nicht allen Gläubigen zuteilwerden. Außerdem wird deutlich, dass sie sich alle auf die Verkündigung, Lehre und Leitung konzentrieren. Es scheint sogar, als ob Paulus die Dienste als bekannt voraussetzen konnte. Die Auflistung weist deutliche Unterschiede zu den anderen Gaben auf, die ich in den letzten Kapiteln beschrieben habe: Es handelt sich hierbei nicht um Gaben *(charismata)*, die der Geist wirkt oder in seine Dienste stellt, sondern um Ämter, die Christus als Haupt seines Leibes selbst einsetzt. Außerdem ist an dieser

Stelle nicht von Wirkungen des Geistes die Rede, sondern von *Menschen* aus Fleisch und Blut, die – befähigt durch ihren Herrn – bedeutende Funktionen in der Gemeinde Jesu Christi ausüben sollen. *Sie selbst* sind die Gaben Gottes und werden nicht zum Segen Einzelner ausgeteilt, sondern an die Gemeinde. Insofern scheint mir auch die Bezeichnung als „Ämter“ treffend, wobei jedoch nicht der Eindruck erweckt werden soll, dass es in der Bibel das Konzept der Ämtersukzession gäbe.

11.1 Die Bedeutung des fünffältigen Dienstes

Jesus selbst setzt gewisse Personen für einen dieser besonderen Dienste ein. Diese Vorgehensweise begegnet uns häufiger in der Heiligen Schrift. Gott beruft Menschen und befähigt sie, sein Werk zu tun. So wird es uns im Alten Testament zum Beispiel im Hinblick auf die Propheten berichtet. Auch im Neuen Testament beobachten wir, wie der Herr Menschen für eine gewisse Aufgabe aussondert. Zu den herausragenden Beispielen gehört hier sicherlich Saulus von Tarsus selbst. Bei der Auswahl der Berufenen zählen jedoch weder besondere Schulbildung noch ein außergewöhnlicher beruflicher Werdegang, sondern allein Gottes Gnade.

Doch mit welcher Absicht setzt Gott diese Personengruppen ein? Paulus beschreibt mehrere Ziele, die Gott durch den Dienst dieser Menschen erreichen möchte. Der Hauptauftrag der Ämter ist das Wachstum der Gemeinde zu Christus hin (Eph 4,15): Am Anfang des Epheserbriefes (Eph 1,18-23) betet Paulus, dass die Epheser doch erkennen mögen, zu welchem Reichtum sie berufen sind. Der gekreuzigte und auferstandene Christus ist hinaufgefahren in den Himmel und hat seinen Platz zur Rechten des Vaters eingenommen. Vom Himmel aus regiert er über alle Mächte. Er bildet das Haupt der Gemeinde, die sein Leib auf Erden ist. Die Berufung seiner Nachfolger besteht darin, zum erhöhten Christus hinzuwachsen und sein Herrschaftsgebiet zu durchdringen. Dies geschieht, indem sein Leib die gesamte Schöpfung mit dem Evangelium erreicht. Im Detail erfordert dies, dass die Ämter die Gemeinde mitsamt ihren Gaben aufbauen

(Eph 4,12). Sie sind dafür verantwortlich, dass die Heiligen für den Dienst zugerüstet werden. Durch die Ämter werden die Geschwister mit allem Nötigen ausgestattet, um in Jesu Christi Werk mitzubauen. Sprich: Sie werden von Aposteln, Propheten, Evangelisten, Hirten und Lehrern geschult, beraten und begleitet, sodass sie sich zu reifen und mündigen Nachfolgern Christi entwickeln und entsprechend ihrem Maß der Gnade dienen.

Es ist für mich als Pastor immer wieder erleichternd, mir dieses Bild vom Leib Christi vor Augen zu halten, das Paulus hier im Epheserbrief beschreibt: eine Gemeinde, in der die Einzelnen in ihrer vollen Kraft und Reife gemeinschaftlich zusammenwirken.

In unserer Gesellschaft zeichnet sich eher eine entgegengesetzte Tendenz ab: Sie entwickelt sich gegenwärtig immer mehr zu einer Dienstleistungsgesellschaft, da viele traditionelle Berufe durch den technischen Fortschritt verschwinden. Leider hat dies auch dazu geführt, dass Gemeinde nicht selten als Dienstleister für religiösen Service verstanden wird. Diese Entwicklung hat auch Auswirkungen auf die Erwartungen, die an die Leiter gerichtet werden: Pastoren und Pfarrer müssen in ihrem Anstellungsverhältnis allerlei Verwaltungsangelegenheiten und operative Aufgaben bewältigen. So bleibt immer weniger Zeit für den geistlichen Dienst, für den sie eigentlich eingesetzt wurden. Und selbst dort wird ihnen sehr viel abverlangt.

Die Apostel in der frühen Jerusalemer Gemeinde wurden in einen ähnlichen Zustand hineinmanövriert. Sie erkannten, dass dieser „nicht gut" war (Apg 6,2) und sahen sich nach geisterfüllten Personen um, die sich um die organisatorischen und karitativen Arbeiten kümmern würden.

Es sollte uns zu denken geben, wenn berufene Leiter ihre Ämter nicht ausüben können, weil sie aufgrund eines Anstellungsverhältnisses in andere Tätigkeiten eingebunden sind. In einer Gemeinde nach Gottes Bauplan müssen Leiter die Freiräume haben, die sie brauchen, um die Heiligen zuzurüsten. Die ganze Gemeinde wird letztlich davon profitieren. Der Leib Christi kann nicht gedeihen, wenn die Geschwister in den charismatischen Ämtern Arbeiten verrichten, für die eigentlich andere berufen sind. Er wächst dann, wenn die Apostel, Propheten, Evangelisten, Hirten und Lehrer in der Lage sind, die anderen Gläubigen zuzurüsten und für den Dienst freizusetzen.

Wachstumsebenen

Der fünffältige Dienst wird in manchen Kreisen auch bildhaft „die starke Hand Gottes" genannt – wie das gleichnamige Buch von Jens Kaldewey, welches von diesen Ämtern handelt. Der Gedanke hinter dieser Bezeichnung ist, dass jeder dieser Dienste wie ein Finger an der Hand eine bestimmte Funktion ausübt. Alle fünf haben ihren speziellen Platz und obwohl jeder von ihnen ein Finger ist, wird ihnen jeweils eine unterschiedliche Bedeutung zuteil. Zusammen bilden sie die gesamte Hand. Es ist also wichtig, dass wir als Gemeinde alle „Glieder" in einem gewissen Umkreis bei uns haben, denn eine Hand ist eingeschränkt, wenn nicht alle Finger an ihr vorhanden sind.

Der fünffältige Dienst bringt die Gemeinde in verschiedenen Bereichen des gemeindlichen Lebens zum Blühen. Die Ämter wirken außerdem so zusammen, dass die Gemeinde im Idealfall auf allen diesen Gebieten gleichermaßen gedeiht. In der gegenwärtigen Kirchenlandschaft treffen wir überwiegend auf Hirten, Lehrer und Evangelisten, wobei Letztere im Verhältnis zu den anderen beiden auch eher selten anzutreffen sind. Das ist sehr bedauerlich, denn jede Einseitigkeit wird früher oder später zu Mangelerscheinungen und Extremen führen.

Wenn ein Apostel in seinem Dienst freigesetzt ist, trägt er für gewöhnlich dazu bei, dass neue Gebiete durch seinen Dienst als Pionier und Gründer erschlossen werden. Der Prophet dagegen spricht die aktuellen Gedanken und Weisungen Gottes über dem Leib Christi und auch über Einzelnen aus, sodass sie sich demensprechend ausrichten können. Der Evangelist sorgt wiederum dafür, dass Menschen mit dem Evangelium in Berührung kommen und den Herrn kennenlernen. Insofern liefert er die Grundlage für das quantitative Wachstum der Gemeinde. Der Hirte kümmert sich um die Einzelnen. Durch seine

Fürsorge und die Räume, die er schafft, wächst der Leib zusammen. Der Lehrer schließt einer Gemeinde die Tiefe der Heiligen Schrift auf und erbaut sie in der Erkenntnis Gottes. Die nachfolgende Tabelle skizziert diese fünf Wachstumsbereiche in Grundzügen:

Amt	Wachstumsbereiche
Apostel	Ausbreitung
Prophet	Beziehung zu Gott
Evangelist	Quantität
Hirte	Liebe zueinander
Lehrer	Erkenntnis Gottes

Bevor wir nun die einzelnen Ämter im Detail betrachten, möchte ich noch darauf hinweisen, dass die genaue Zahl der Ämter umstritten ist. Es gibt ein kleines formales Detail, was dafür spricht, dass es sich bei dem hier beschriebenen Kanon von Ämtern gar nicht um einen fünffältigen, sondern um einen vierfältigen Dienst handelt: Es geht um den fehlenden Artikel zwischen den beiden letzten Bezeichnungen in der Fünferreihe. Rein grammatikalisch müsste es sich demnach bei den Hirten und Lehrern um dieselbe Gruppe handeln.[30] Einige betonen, diese Behauptung sei gerade auch deswegen stimmig, weil jeder Hirte zwangsläufig auch in der Lage sein müsse, lehren zu können (1Tim 3,2; 2Tim 2,24). Meiner Meinung nach ist das Amt der Hirten und der Lehrer tatsächlich eng miteinander verknüpft. Beide zusammen bilden daher eine eigene Gruppe innerhalb des fünffältigen Dienstes. Diese Verbundenheit ist in den Briefen von Paulus offensichtlich. Es ist wahrscheinlich, dass die Begriffe sich überschneidende Funktionen beschreiben (vgl. 1Kor 12,28-29 und Gal 6,6), aber nicht identisch sind,

30 Sind zwei Wörter im Griechischen durch nur einen Artikel verbunden, zeigt das eine enge Verbindung beider Begriffe an. Es handelt sich also genau genommen um vier Punkte in der Aufzählung.

daher gehe ich prinzipiell von einem eigenständigen Lehrdienst aus. Dieser wird auch schon früh separat genannt (Apg 13,1). Auch Apostel und Propheten gehen meiner Meinung nach einen ähnlichen Bund miteinander ein (Eph 2,20; 3,5). Demnach lassen sich die Ämter auch in drei Untergruppen aufteilen. In den folgenden Betrachtungen wird noch deutlich werden, worin ihre Nähe zueinander besteht.

Erwähnenswert scheint mir auch, dass wahrscheinlich keiner der Dienste in Reinform anzutreffen ist. Paulus wurde nicht etwa nur als Apostel bezeichnet, sondern auch als Lehrer (Apg 13,1). Das Begabungsprofil eines jeden Menschen ist einzigartig und genauso sind auch die Ämter unterschiedlich ausgeprägt.

11.2 Apostel

Der Apostel und der Prophet werden von Paulus zuerst angeführt. Das geschieht mit Sicherheit nicht ohne Grund, denn an anderer Stelle wird deutlich, dass diese Ämter grundlegend für die Gemeinde sind (Eph 2,20; 1Kor 12,28; Offb 21,14). Sie haben zusammen mit unserem Herrn als Eckstein eine tragende Rolle für den Leib Christi.

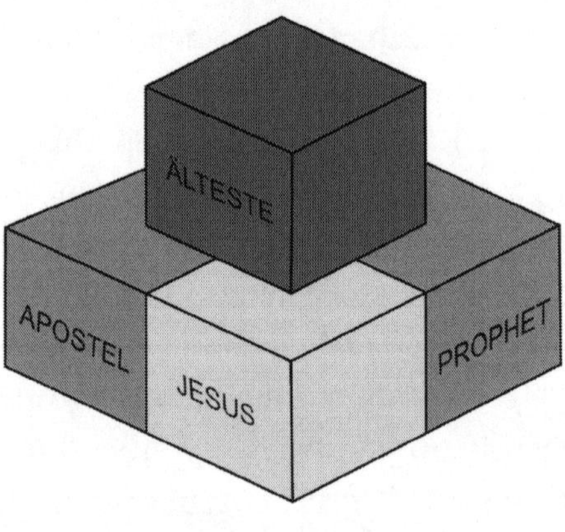

Der Begriff Apostel *(apostolos)* bezeichnet eigentlich einen Boten oder Beauftragten mit einer ganz besonderen Rolle: Es handelt sich um eine Person, die mit einer Nachricht ausgesandt wird. Bemerkenswert ist in diesem Zusammenhang, dass nach dem altsemitischen Botenrecht der Gesandte eines Auftraggebers wie der Sendende selbst angesehen wurde. Durch seine Rolle als Bote war er berechtigt und zugleich verpflichtet, Entscheidungen für diesen Auftraggeber zu treffen, wenn auch nur für den Zeitraum der Sendung. Die Apostel des Neuen Testaments wurden von Christus selbst beauftragt und ausgesandt (1Kor 12,5).

Das neutestamentliche Zeugnis berichtet uns von verschiedenen bevollmächtigten Boten Gottes. Zunächst kommen uns meist die zwölf Apostel oder Jünger aus dem näheren Kreise Jesu in den Sinn, danach die anderen bekannten und prägenden Persönlichkeiten des Neuen Testaments – insbesondere Paulus. Allerdings muss es wohl eine Vielzahl von Aposteln gegeben haben, die im Neuen Testament nicht besonders in Erscheinung getreten sind. Auch der Sohn Gottes selbst wird vom Schreiber des Hebräerbriefs als Apostel bezeichnet (Hebr 3,11), allerdings ist diese Bezeichnung für Jesus einmalig im Neuen Testament. Sie ist aber durchaus nachvollziehbar, denn er wurde ebenfalls vom Vater ausgesandt (Joh 17,18).

Der Apostel lässt sich auch als eine Art Teamleiter für die anderen Ämter verstehen. Wir sehen im Neuen Testament, dass die Apostel örtliche Leiter einsetzten, bestimmten Geschwistern die Lehrerlaubnis erteilten und andere wiederum aussandten (Apg 14,23; 15,24; Tit 1,5). Nicht jeder konnte sich als Apostel bezeichnen. Ihr Dienst wurde begleitet durch Manifestationen der übernatürlichen Dimension des Reiches Gottes in Form von Zeichen und Wundern (Apg 4,33; 8,4-7; Röm 15,19; 2Kor 12,12). Auch das Wirken als Gemeindegründer und Pionier wurde als Bestätigung für das apostolische Amt angesehen (1Kor 9,2). Personen, die sich allerdings unrechtmäßig als Apostel ausgaben, wurden scharf kritisiert (2Kor 11,13; Offb 2,2).

Der Apostel gilt als Baumeister der Gemeinde (1Kor 3,10). Er legt die Grundlagen und fördert das Wachstum. Einzelne Leiter, wie auch ganze Gemeinden, werden durch ihn beraten, stabilisiert und ausgestattet. Sein primäres Ziel ist es allerdings nicht, eine einzelne Gemeinde zu pflegen, sondern er strebt nach der Verbreitung des himmlischen Königtums auf Erden (Röm 15,20; 2Kor 10,16). Seine Perspektive ist daher eine Reich-Gottes-Perspektive.

Ein Apostel lässt sich auch als Missionsstratege bezeichnen. Als Pionier gründet und entwickelt er Neues. Er findet und fördert junge Leiter. Damit die Vision Gottes umgesetzt werden kann, entwirft er Pläne und Konzepte. Er ist allerdings auch derjenige, der sich beständig dafür einsetzt, dass sie umgesetzt werden. Da wo der Apostel die Bühne des Geschehens betritt, muss etwas in Gang kommen, denn er treibt die Sache Jesu Christi voran. Er denkt und arbeitet in anderen Größenordnungen als die örtlichen Leiter. Während andere sich um das Lokale kümmern, richtet er seinen Blick auf das Überregionale und Internationale. Er ist in der Lage, aktuelle Entwicklungen auszumachen und sucht die Strategien und Pläne Gottes, um auf die neuen Herausforderungen zu reagieren. Sein Charakter zeichnet sich durch Kreativität, Flexibilität und Belastbarkeit aus. Er hat viel Geduld mit seinen Mitmenschen und ist nicht kontrollierend. Wo das apostolische Amt Einzug hält, entstehen Freiräume. Es ist eine Gabe für Zeiten des Aufbruchs und der Veränderung. In der Gegenwart, in der das Leben immer komplexer wird und Umbrüche rasend schnell vonstattengehen, sind besonders apostolische Leiter von großer Bedeutung.

Wo keine Apostel sind, fehlt ein wesentliches Glied am Leib. Diese Tatsache wird lokalen Gemeinden immer wieder schmerzlich bewusst. Ich habe oft beobachtet, was passiert, wenn Apostel ihren Platz in einer Gemeinde oder Region räumen, um andernorts zu wirken. Die Gemeinden erlitten einen herben Verlust. Sie versuchten verzweifelt, die entstandene Lücke auf verschiedene Weise zu füllen. Es wurden neue Leute platziert und Versuche unternommen, verschiedene Konzepte zu integrieren, die der Gemeinde einen neuen Auftrieb verschaffen sollten. Man leugnete, dass die vergangene Dynamik auf eine Person zurückzuführen gewesen sei. Schließlich sei der Leib nicht von Menschen abhängig, sondern vom Haupt der Gemeinde, welches Christus ist. Doch alle guten Argumente, strukturellen Veränderungen und Konzepte konnten den fehlenden Apostel nicht ersetzen. Gewiss ist jede Ortsgemeinde von ihrem göttlichen Haupt abhängig, doch dieses Haupt hat entschieden, seine Gemeinde auf dem Fundament der Apostel und Propheten zu errichten (Eph 2,20; 1Kor 12,28). Seine Mittel sind Menschen.

Natürlich verfügt der Apostel nicht über alle Gaben und sein Dienst bringt auch Umstände mit sich, die wohl nicht jedem in der lokalen Gemeinde recht sind: Er arbeitet zunächst an und nicht in der Gemeinde. Sein Fokus richtet sich nach außen und weniger nach innen. Da sein Dienst primär übergemeindlich ist, kann er nicht regelmäßig an einem Ort erscheinen und hat somit eine größere Distanz zu den Geschwistern in der Gemeinde. Es ist außerdem unwahrscheinlich, dass Seelsorge in seinen Kompetenzbereich fällt. Mit dieser Tatsache kann eine Gemeinde, die die Charismen ihrer Mitglieder im Auge behält und fördert, allerdings gut zurechtkommen. Der Herr hat schließlich auch die Gabe der Barmherzigkeit ausgeteilt und Menschen zu Hirten eingesetzt.

11.3 Propheten

Wer über das Amt des Propheten sprechen möchte, kommt nicht umhin, auch einen Blick auf die Propheten des Alten Testaments zu werfen. Sie sind in vergangenen Zeiten Gottes Sprachrohr gewesen. Doch offensichtlich unterscheidet sich das Amt des neutestamentlichen Propheten von dem des alttestamentlichen. Letztere scheinen sehr viel mehr Verantwortung getragen zu haben. Sie waren dafür zuständig, darauf zu achten, dass das Volk Israel sich an die Gebote Gottes hielt. Ihnen wurde sehr viel zugemutet und sie mussten auch schwere Entbehrungen in Kauf nehmen wie z. B. Hosea oder Jeremia. Doch mit Jesu Tod am Kreuz, dem Empfang des Heiligen Geistes und Pfingsten sind diese spezifischen Aufgaben der Propheten auf einen großen Teil der Christenheit übergegangen. Gott hat sich früher nur einer kleinen Gruppe von Propheten offenbart, um zu seinem Volk zu sprechen. Nun spricht er zu einer wesentlich größeren (1Kor 2,9f.). Johannes der Täufer war wohl der letzte Prophet des Alten Bundes, der uns in der Bibel begegnet. Nach ihm brach ein neues Zeitalter an.

Das Prophetentum ist also damals nicht aus der Welt verschwunden, aber es hat sich seither gewandelt. Die Propheten des Alten Testaments sollten die leichtfertige Haltung des Volkes zum Gesetz aufdecken, zur Buße aufrufen, falsche Botschaften entlarven und schließlich auch das Volk ermutigen. Durch den tiefgreifenden Wandel, der durch Jesu Inkarnation, Tod und Auferstehung eingetreten ist, wird diese Fülle an Aufgaben nicht in der Weise vom neutestamentlichen Propheten gefordert. Geblieben ist die Art der Berufung und Einsetzung zum Propheten. Nirgends ist im Neuen Testament zu sehen, dass Propheten von Menschen ins Amt geholt wurden. Gott beauftragt die Propheten weiterhin selbst. Neben Johannes dem Täufer und Jesus, der sich selbst als Prophet bezeichnet (Lk 4,24), kennt das Neue Testament noch zahlreiche weitere Propheten. Sie bildeten offenbar in einigen Gemeinden eine eigene Gruppe (1Kor 14,29). Beispiele hierfür sind Agabus, Judas und Silas (Apg 11,28; 15,32).

Ich habe einige Abschnitte zuvor bereits darauf hingewiesen, dass das Neue Testament eine Trennung zwischen der Gabe der Prophetie und dem Amt des Propheten vornimmt. Die Gabe ist theoretisch jedermann zugänglich – allerdings in verschiedener Ausprägung, wie wir bereits gesehen haben. Das Amt des Propheten ist jedoch an eine jeweilige Person gebunden (Eph 4,11). Diese wird von Gott eingesetzt.

Ein Prophet sucht Gott, um Offenbarungen und Visionen von ihm zu empfangen. Er kann – wie die alttestamentlichen Propheten auch – als Sprachrohr Gottes bezeichnet werden (Jer 15,19), denn er gibt den gegenwärtigen Willen Gottes für die Gemeinde weiter (Offb 19,10). Er sagt zukünftige Ereignisse voraus (Apg 11,28; Offb 22,6f.), empfängt den Herzschlag Gottes für die Gemeinde und den Einzelnen. Deswegen ist ein Prophet auch ein Mensch, der die Nähe Gottes sucht (Joh 13,23). Die Offenbarungen, die er empfängt, sind der Gemeinde in vielfacher Hinsicht ein Segen. Der Herr schenkt durch ihn:

- göttliche Erneuerung
- göttliche Weisung
- göttliche Warnung

- göttliche Ermahnung
- göttliche Hilfe und Trost
- göttliche Begegnungen

Durch einen Propheten öffnen sich den anderen die Horizonte Gottes. Die einzelnen Gläubigen werden von ihm angeleitet, ihren Platz in der Gemeinde einzunehmen (Apg 13,1-3). Er entfacht die Gaben des Geistes in ihnen (1Tim 4,14). Außerdem hilft er der Gemeinde, ihren Zustand und die Absichten Gottes zu erkennen. Dadurch entsteht in ihr eine neue Dynamik und sie wird zur Reife geführt (Eph 4,13).

Propheten betonen die Bedeutung von Hingabe und Heiligung. Sie legen Wert darauf, dass die Heiligkeit Gottes und sein Wille geschätzt und respektiert werden.

An Agabus' Weissagung über die kommende Hungersnot unter Kaiser Klaudius (Apg 11,28) wird außerdem deutlich, dass Propheten auch eine Bedeutung für die kirchenferne Gesellschaft haben.

Propheten sind für gewöhnlich spontane Persönlichkeiten, die gut mit Veränderungen umgehen können. Ihr Dienst ist nicht an eine lokale Gemeinde gebunden, wie z. B. an der Person von Johannes sichtbar wird (Offb 2,1-3,22). Dennoch sind sie in einer Kirchenlandschaft etabliert, anerkannt und eingebettet – also keine „freischaffenden Künstler", die nicht bereit sind, vor jemandem Rechenschaft abzulegen. Vor einiger Zeit wollte sich ein Prophet in unsere Gemeinde einladen. Ich fragte ihn danach, wem er sich unterordne und wo seine geistlichen Leiter seien. Er entgegnete mir, dass er sich niemandem unterordne, da er dem weltweiten Leib Christi diene. Ich habe ihm daraufhin empfohlen, er möge dann doch einmal bei der globalen Gemeinde anklopfen. Gewiss gehört er dem weltweiten Leib Jesu an – so wie alle Christen. Doch hat diese ihre Gestalt nur durch die Summe der lokalen Gemeinden.

Propheten legen mit den Aposteln das Fundament für die Gemeinde (Eph 2,20). Wenn das Amt des Propheten nicht besetzt ist, dann fehlt ihr nicht nur ein wichtiges Organ zur Zurüstung, sondern sie tappt auch blind umher – in Unwissenheit über die Absichten Gottes.

Ähnlich wie beim Apostel mag die Distanz des Propheten zu den Menschen ebenfalls einigen Geschwistern Mühe bereiten – insbesondere dann, wenn er eine Leitungsfunktion in einer lokalen Gemeinde ausübt. Aufgrund ihres Dienstes, der nicht regional gebunden ist, sind sie nicht immer vor Ort anzutreffen.

11.4 Evangelisten

Der Begriff „Evangelist" *(euangelistes)* tritt eigentlich selten im Neuen Testament auf. Er wird außerhalb der Aufzählung der Ämter in Eph 4,11 nur zweimal verwendet (Apg 21,8; 2Tim 4,5). Das Wort beschreibt eine Person, die *eine gute Nachricht verkündigt*. Es liegt auf der Hand, was mit dieser Bezeichnung gemeint ist: Ein Evangelist ist jemand, der die frohe Botschaft von Jesus Christus und seinem Reich weitergibt.
In den zwei oben erwähnten Schriftstellen wird nur Philippus – einer der Diakone aus Apg 6,5 – tatsächlich als Evangelist bezeichnet. Philippus war in der Gnade gewachsen und wurde vom Diakon zum vollmächtigen Verkündiger der guten Nachricht (Apg 8,5-7). Nachdem er vom Herrn berufen worden war, dem Kämmerer zu begegnen und ihn anschließend getauft hatte, verschwand er von dem Ort, fand sich in Aschdod wieder und zog umher (Apg 8,39f.). Diese Schilderung macht deutlich, dass auch der Dienst des Evangelisten nicht an eine lokale Ortsgemeinde gebunden ist.

Meine persönliche Erfahrung mit Evangelisten bestätigt diese Vermutung. Sie sind charakterlich häufig recht initiative Persönlichkeiten, die schnell Gespräche beginnen und Kontakte knüpfen können. Evangelisten haben eine spezielle Liebe für Menschen, die nicht an Jesus glauben. Sie lernen leidenschaftlich gern fremde Leute kennen und gewinnen neue Eindrücke. Evangelisten sehen die Verlorenheit der Menschen und hören den Herzschlag Gottes. Sie sind meistens sehr kommunikativ. Es gelingt ihnen ohne sonderliche Mühe, mit fremden Menschen über Jesus Christus zu sprechen. Sie neigen zu einer positiven Klarheit und schaffen es, das Evangelium simpel und lebendig zu erklären. Ihr Amt wird durch sichtbare Taten Gottes bestätigt (Apg 8,6).

Mit ihrer Leidenschaft für Menschen wirken sie auf andere in ihrem Umfeld ansteckend. Sie schaffen es, die Gemeinden immer wieder an ihren Missionsauftrag zu erinnern und sie zur Umsetzung dieses Auftrages zu motivieren (Mt 28,19f.). Dieser Dienst ist sehr bedeutend, denn es gibt immer wieder Situationen, in denen Gemeinden diesen Auftrag vernachlässigen. Wenn ihnen die Evangelisten fehlen, stehen sie in der Gefahr, primär auf sich selbst zu schauen und nicht auf die, die Gott noch erreichen möchte. Menschen zu Jesus führen kann zwar jeder von uns, das bedeutet jedoch nicht automatisch, dass Gott uns das Amt des Evangelisten verliehen hat.

Auch der Evangelist muss – wie der Apostel und der Prophet – mit der Klage rechnen, dass er eine gewisse Distanz zu den Menschen in der Gemeinde hat. Dies ist unterschiedlichen Umständen geschuldet. Zum einen ist sein Dienst ebenfalls nicht ortsgebunden. Zum anderen liegt es daran, dass er versucht, mit sehr vielen Menschen in seiner Umwelt in Kontakt zu kommen. Sein zeitliches Budget für die Geschwister in der Gemeinde kann daher nur knapp ausfallen. Außerdem wird Evangelisten bisweilen nachgesagt, sie hätten wenig Verständnis für die anderen Aufgaben in der Gemeinde.

11.5 Hirten

Bereits im Alten Testament lesen wir von Hirten. Auch Fürsten werden dort als solche bezeichnet (wie z. B. in Mi 5,4 u. Jer 3,15). Ihre Aufgabe war es, sich um das Volk Gottes zu kümmern. Es sei auch an den guten Hirten aus dem berühmten Psalm 23 erinnert, der uns das Bild vom fürsorglichen Gott vor Augen führt. Schließlich verheißt auch Jeremia einen besonderen Hüter, der von Gott in sein Volk gesandt wird (Jer 23,4f.). Jesus selbst bezeichnet sich als der „gute Hirte" und die Verheißung Jeremias ist somit eindeutig auf ihn bezogen (Joh 10,14; 1Petr 2,25). Die Aufgabe, sein Volk zu hüten, überträgt Jesus auf seine Apostel (Joh 21,15-17), der Apostel Paulus wiederum auf die Ältesten der frühen Gemeinden (Apg 20,28). Der Hirtendienst wird mit dem Ältestendienst in Verbindung gebracht, sodass wir davon ausgehen können, dass dieser langfristig an einen Ort gebunden ist. Anders als die vorherigen drei Ämter ist sein Einflussbereich also nicht überregional. Er kümmert sich um die lokale Gemeinde.

Für die Ältesten werden in der Bibel einige Auswahlkriterien genannt, die daher wiederum Einblicke in den Hirtendienst erlauben (1Tim 3,1-11; Tit 1,6-9). Petrus erwähnt darüber hinaus auch, wie sie ihren Dienst auszuüben haben (1Petr 5,1-4): Sie sollen vertrauenswürdig und vorbildlich sein. Trotz dieser Bedingungen bleibt relativ offen, wie wir uns ihre exakte Tätigkeit oder die Art der Ausübung ihres Dienstes vorzustellen haben. Es ist davon auszugehen, dass die Hirten Seite an Seite mit anderen Ämtern die örtlichen Leiter und Assistenten sind, die sich für das Wohl der Gemeinde und der Einzelnen einsetzen.

Ein Hirte ist fürsorglich nach dem Vorbild, das Christus selbst ihm als Hüter seiner Schafe gegeben hat (1Petr 5,2). Er gilt nicht nur als Ansprechpartner bei Krankheiten und Nöten (Jak 5,14), sondern behält die ganze Herde im Blick und trägt für sie Verantwortung (Hebr 13,17). Ihm ist ein gutes Miteinander wichtig. Er geht auf die Einzelnen in der Gemeinde zu und schenkt ihnen sein Gehör. Sein Herzensanliegen besteht darin, die Schafe mit allem Nötigen wohl versorgt zu sehen. Ein Hirte ist mit Sicherheit auch ein guter Seelsorger, der sich ausreichend Zeit für die Geschwister nimmt. Für das Wohl der anderen nimmt er gern Entbehrungen in Kauf (Joh 10,11).

Ohne den Hirten fehlt in der Gemeinde ein Leiter, der den Einzelnen im Blick hat und auf ihn eingeht. Die übergemeindlichen Ämter können nicht das leisten, was ein Hirte mit seinem zeitlichen Budget und seinen Gaben vor Ort tun kann. Weil ihm die Menschen sehr am Herzen liegen, ist sein Dienst auch auf diese ausgerichtet. Damit steht er allerdings in der Gefahr, alles was außerhalb der Gemeinde ist, aus dem Blick zu verlieren: Beziehungen und der Gemeindefriede können dann z. B. gegenüber der Ausbreitung des Reiches Gottes zu stark in den Vordergrund rücken.

11.6 Lehrer

Der Begriff Lehrer ist eine Dienstbezeichnung, die im Neuen Testament häufig Verwendung findet. Sie war in der religiösen Umwelt des frühen Christentums sehr verbreitet. Unter anderem wird Jesus sehr häufig als Lehrer angesprochen. Viele Male legte er öffentlich die Schrift aus und kritisierte auch die Interpretationen der anderen Gelehrten (z. B. der Pharisäer). Er lehrte – anders als die gebildete jüdische Elite seiner Zeit – mit der Vollmacht des Heiligen Geistes (Mt 7,28f.) und half den Menschen, einen lebendigen Bezug zu den alten Schriften zu finden.

Auch den Auftrag zu lehren übertrug Jesus auf seine Jünger (Mt 28,20; Mk 6,30) und schon früh kristallisierte sich bei Einzelnen von ihnen eine besondere Lehrbegabung heraus (Apg 13,1; Apg 18,24). Offensichtlich war es ihre Hauptaufgabe, die Thora auszulegen und die Lehren Jesu weiterzugeben (2Tim 1,11). Einer von diesen in der Schrift bewanderten Männern war Apollos. Er wird in der gegenwärtigen Literatur häufiger als Lehrer betitelt, obwohl er im neutestamentlichen Zeugnis nicht explizit als solcher bezeichnet ist. Allerdings lässt die Beschreibung seiner Person in Apg 18,24-28 kaum Zweifel an seiner Berufung: Mit einem Empfehlungsschreiben reiste er von Ephesus nach Achaia und später nach Korinth, wo er einen prägenden Dienst leistete (1Kor 1,12; 3,6). Es ist anzunehmen, dass Apollos aufgrund seines Amtes auch eine Art Reisedienst hatte (Tit 3,13).

Ein Lehrer ist ein Amtsträger, der nicht zwingend an einen Ort gebunden ist. Sicherlich hat er eine Art Heimatgemeinde, der er verbindlich angehört. Aber je nach Ausprägung seines Dienstes wird er auch von anderen Gemeinden eingeladen.

Das Amt des Lehrers bringt viel Verantwortung mit sich (Jak 3,1), daher sollte er auch eine gewisse Reife an den Tag legen, ähnlich wie Apollos. Dieser wird als eloquenter und gebildeter Mann beschrieben. Ein Lehrer muss mit den biblischen Grundlagen vertraut sein, sodass er ein solides Fundament legen und der Gemeinde Stabilität geben kann. Er ist fasziniert davon, die Zusammenhänge und die Tiefe des Wortes Gottes zu erschließen. Forschen bereitet ihm Freude. Die Fähigkeit, komplizierte Sachverhalte verständlich darzulegen, gehört zu seinen großen Stärken. Deshalb ist ein Lehrer für seinen scharfen Verstand und seine plausiblen Beweisführungen bekannt.

Ohne ihn steht eine Gemeinde in der Gefahr, Irrlehren zu glauben und ihnen Folge zu leisten. Diese Gefahr wird selbst bei all den Hilfsmitteln und Büchern, die es heute gibt, nie gebannt sein.

Ein Lehrer ist eine Person, die sich unter Menschen bewegt und auch eine gewisse Nähe zu der Gemeinde pflegt – schließlich hat er an der Entwicklung der einzelnen Geschwister Interesse. Eine große Schwäche von Lehrern besteht jedoch darin, dass sie dazu neigen, kleinlich, kontrollierend, korrigierend und gemeindefern zu werden. Auch ihr Forschen in der Heiligen Schrift kann zum Selbstzweck werden, wenn sie die eigentliche Aufgabe, die Gemeinde zuzurüsten, aus dem Blick verlieren.

? Fragen zur persönlichen Reflexion

1. Gott wirkt in dieser Welt durch Menschen. Wie stehst du Führungspersönlichkeiten in den Kirchengemeinden gegenüber?
2. Wir sehen, dass Leiter zu unterschiedlichen Diensten berufen werden. Dennoch wünschen sich viele Christen, dass ein Leiter sehr viele Fähigkeiten mitbringt. Hat dieses Kapitel dein Bild von Leitern verändert?
3. Welches dieser Ämter spricht dich persönlich am meisten an? Vielleicht weckt eines der Ämter deine besondere Aufmerksamkeit oder Vorliebe. Dies könnte ein Indiz dafür sein, dass der Herr dich ähnlich berufen hat.

12 Ausblick

Philippus, der Evangelist, ist eine biblische Persönlichkeit, die mich schon immer sehr beeindruckt hat: Er betritt die neutestamentliche Bühne als Diakon (Apg 6,5). Seine erste Tätigkeit, von der wir erfahren, ist organisatorischer Natur. Denn als die Apostel feststellen, dass sie nicht das tun können, wozu sie begnadet sind, erklärt sich Philippus bereit, an ihrer Stelle die Tische zu bedienen. Obwohl auch die Apostel Wert darauf legen, dass diese Aufgabe von Personen erledigt wird, die geisterfüllt sind, kämen heutzutage wahrscheinlich die wenigsten darauf, dass es sich dabei um einen geistlichen Dienst handeln könnte. Die meisten Gläubigen wollen einem geistlichen Ruf folgen. Doch als Pastor weiß ich, dass es nicht immer einfach ist, für manche vermeintlich profanen Aufgaben in der Gemeinde Mitarbeiter zu finden. Philippus hingegen nimmt sich selbst nicht so wichtig und geht treu seiner Pflicht nach. In diesem Kontext eröffnet sich ihm die perfekte Gelegenheit, die gute Nachricht weiterzugeben (Apg 6,7). Später begegnet er uns in der Apg 8,6 als gereifter Evangelist, dessen Dienst von Zeichen und Wundern begleitet wird. Philippus ist ein gutes Beispiel für das Wachstum in der Gnade Gottes. Bereitwillig tut er den Dienst, für den ihn seine Leiter auserkoren haben. Doch er nimmt zu in der Gnade und Gott erweitert sein Gebiet (Apg 8,40).

Das Neue Testament spricht viel vom Wachstum der Gläubigen (z. B. 2Kor 9,10; 10,15; 1Thess 3,12; 2Thess 1,3; Hebr 5,12-14). Besonders prägnant ist das Schlusswort von Petrus in 2Petr 3,18:

> *Wachset aber in der Gnade und Erkenntnis unseres Herrn und Heilands Jesus Christus. Ihm sei Ehre jetzt und für ewige Zeiten! Amen.*

Ich bin überzeugt davon, dass die Gnade Gottes im Leben der Gläubigen – wie alles in der Schöpfung – wachsen und zunehmen kann. Das gilt für alle Charismen und Geschenke, die ich behandelt habe! Und ich glaube, das ist ganz im Sinne des Schöpfers. Doch auch hier ist der Menschen gefordert, mitzuwirken. Der fehlende Wille ist sicher bei den meisten nicht der Grund, warum sie nicht in der Gnade zunehmen. Wahrscheinlich liegt es vielmehr daran, dass wir nicht wissen, wie wir dieses Wachstum begünstigen können. Deswegen möchte ich am Ende dieses Buches mit wenigen Worten einen möglichen Weg beschreiben, wie wir die Gnade in unserem Leben zu ihrem Vollmaß bringen können.

12.1 Drei Schritte

Wenn ich unser Wachstumspotential betrachte, spreche ich gern von den „Möglichkeiten Gottes". Schließlich gilt es, in den Plan einzutreten, den er für uns vorbereitet hat und nicht das zu verwirklichen, was wir uns zunächst wünschen. Es wird vielleicht einige überraschen, aber ich bin – im Gegensatz zu vielen anderen – nicht der Meinung, dass man die eigene Komfortzone verlassen sollte. Stattdessen glaube ich, dass es darum geht, die eigene Komfortzone zu *erweitern*. Indem wir uns Neues erschließen, wird dies zum Bekannten und damit auch zu einem sicheren Bereich, in dem wir uns mühelos bewegen können.

Das, was wir haben, ist nicht verachtenswert und deshalb müssen wir es auch nicht hinter uns lassen. Stattdessen sollten wir uns mit unserer Vergangenheit versöhnen, dankend akzeptieren, was wir haben, und unser Gebiet erweitern. Auf diesem Weg gelangen wir in eine gesunde Gegenwart. Wenn wir dagegen versuchen, jemand zu sein, der wir nicht sind, wird dies nur zu weiteren Komplikationen führen. Versöhnt mit unserer Vergangenheit können wir jedoch Gott das anbieten, was wir bereits haben. In den Chassidischen Erzählungen sagt ein gewisser Rabbi Alexander: „Der Mensch mag keine zerbrochenen Gefäße benutzen. Nicht so Gott, denn alle seine Diener sind zerbrochene Gefäße, wie die Schrift sagt: Der HERR ist nahe denen, die zerbrochenen Herzens sind, und hilft denen, die ein zerschlagenes Gemüt haben." (Ps 34,19)

Wenn wir in dieser gesunden, versöhnten Gegenwart leben, versetzt uns das in die Lage, eine hoffnungsvolle Zukunft zu gestalten, die mit dem Herrn Realität wird.

Diese Schritte sind gewiss nicht einfach, besonders dann nicht, wenn die eigene Vergangenheit an uns nagt. Allerdings gibt es immer auch Dinge, für die wir danken können. Was geschehen ist, ist geschehen und wir müssen lernen, damit Frieden zu schließen. Wenn wir Schmerz erfahren, sollten wir daran arbeiten, dafür Heilung zu empfangen. Es nützt nichts, sich den Schmerz immer und immer wieder in Erinnerung zu rufen und in Gedanken neu zu durchleben. So greifen wir nur in den Prozess der Heilung ein. Denn wenn wir schlechten Erfahrungen die Macht geben, unser Leben durcheinander zu bringen, kann die Vergangenheit unsere Zukunft als Geisel gefangen halten. Dagegen ist es dem, der dankbar ist, nur schwer möglich zur selben Zeit auch ängstlich zu sein!

Wir wollen nach vorn schauen auf die Möglichkeiten Gottes und voll Glauben an sein Gnadenhandeln die Zukunft erwarten. Sicher ist eine Vision fern von der aktuellen Gegenwart und alle, die sie verwirklichen wollen, wissen nicht genau, ob und wie sie eintritt. Doch die Reise an einen fernen Ort beginnt mit einem ersten Schritt. Sie beginnt, wenn wir gehen und nicht, wenn wir darüber reden.

12.2 Schmerz überwinden

In Kapitel 5 habe ich anhand von Platons Höhlengleichnis erläutert, dass Entwicklung immer auch mit Schmerz verbunden ist. Das Neue und Unbekannte wird durch einen schwierigen Prozess erobert. Jedes Mal, wenn ich anfing, auf einem neuen Gebiet zu wirken, musste ich Fehlschläge akzeptieren. Vieles konnte ich nicht und einiges war mir schlicht unbekannt. Jeder, der das erste Mal eine Trainingseinheit in einem Fußballverein absolviert, wird von den anderen Teilnehmern wahrscheinlich zunächst belächelt. Er wird sich anhören müssen, dass der Schuster doch lieber bei seinen Leisten bleiben solle und vieles mehr. Doch sollte er ein wenig Talent haben und über eine gewisse Motorik verfügen, wird sich dies früher oder später zeigen, wenn er weiter trainiert. Talent allein reicht nicht, es muss ausgebaut werden. Wir brauchen Wissen und Erfahrung, um gute Leistungen zu erbringen.

Ein Fehler, den ich häufig beobachte, wenn Menschen sich neue Gebiete erschließen, ist der Rückzug, sobald der erste Wachstumsschmerz einsetzt. Manchen ist der Entwicklungsprozess zu anstrengend. Andere scheuen die Kritik, die Ablehnung und die Blicke der anderen und ziehen sich deshalb wieder zurück in das Sichere und Bekannte.

Mit viel Fleiß, Mühe und der Gnade des Herrn lassen sich diese Wachstumsschmerzen jedoch überwinden. Allerdings gibt es noch einen weiteren Schlüssel, der uns helfen kann, an dieser Stelle nicht stehenzubleiben: Einen geeigneten Leiter oder Mentor. Personen, die den Weg bereits gegangen sind, der noch vor uns liegt, können ein enormer Gewinn in diesem Prozess sein. Sie kennen die Fallstricke und Fehler, die wir vermeiden sollten, und können die Möglichkeiten Gottes erahnen.

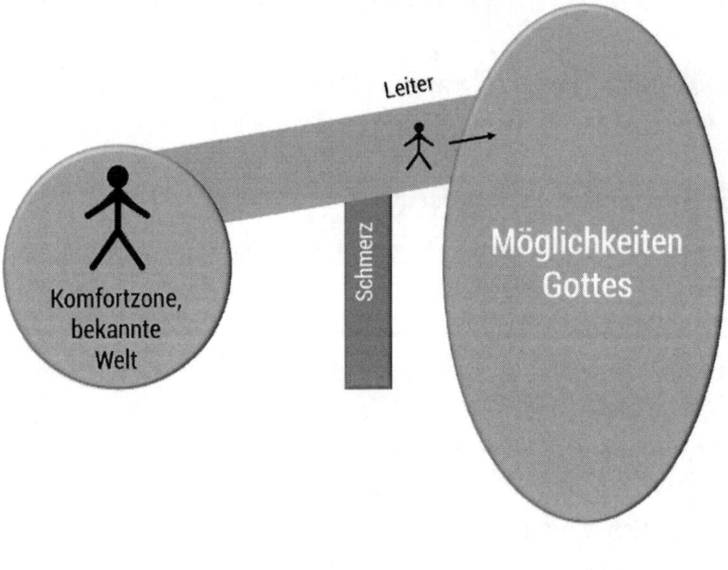

Wie wir gesehen haben, ist es die Aufgabe des fünffältigen Dienstes, die Heiligen zuzurüsten. Daher ist es nur sinnvoll, einen Leiter zu konsultieren, der sich dazu bereiterklärt. Idealerweise ist es ein Wegbegleiter, der eine ähnliche Berufung hat. Er sieht Dinge, die für uns noch unentdeckt sind, und weiß, wie gewisse Hindernisse überwunden werden können. Auf diese Weise hilft er uns, die Begrenzungen unseres Denkens zu überwinden, Gottes Vision zu erkennen und zu ihr hin zu wachsen. Wir müssen nicht in jedem Lebensabschnitt denselben Leiter haben, allerdings sollten wir immer jemanden an der Seite haben, der uns begleitet.

Wer das Wagnis eingeht, seine vertrauten Gewässer mit einem erfahrenen Seemann an der Seite zu erweitern und das zu suchen, was der Herr für ihn vorbreitet hat, wird erleben, wie er in der Gnade wächst. So wird Gottes Reich mit dir ein Stück mehr auf Erden Realität werden.

Wir bauen das Reich Gottes nicht, um zu leben,
aber wir leben, um das Reich Gottes zu bauen.

Bibliographie

Achtemeier, P. J.: *1 Peter: a commentary on First Peter.* Minneapolis 1996.

Augustinus, Aurelius: *Des heiligen Kirchenvaters Aurelius Augustinus Vorträge über das Evangelium des hl. Johannes. Vorträge 1–23. Bibliothek der Kirchenväter.* Kempten 1913.

Baumert, Norbert: *Sorgen des Seelsorgers. Übersetzung und Auslegung des ersten Korintherbriefs.* Würzburg 2007.

Bickle, Mike / Sullivant, Michael: *Prophetie oder Profilneurose. Wie die Gabe der Prophetie in unseren Gemeinden reifen kann.* Aßlar 1996.

Brunner, Emil: *Gnade, in: Religion in Geschichte und Gegenwart 3. Band 2.* Tübingen 1957.

Fee, Gordon: *Der Geist Gottes und die Gemeinde. Eine Einladung, Paulus ganz neu zu lesen.* Erzhausen 2005.

Fee, Gordon: *God's empowering presence: the Holy Spirit in the letters of Paul.* Grand Rapids, Michigan 2011.

Greshake, Gisbert: *Gnade – Geschenk der Freiheit.* Kevelaer 2004.

Grudem, Wayne: *Die Gabe der Prophetie.* Nürnberg 1994.

Härle, Wilfried: *Dogmatik.* Berlin 2012.

Hauck, Friedrich / Schwinge Gerhard: *Theologisches Fach- und Fremdwörterbuch.* Göttingen 2005.

Kaldewey, Jens: *Die starke Hand Gottes: Der fünffältige Dienst.* Oberweningen 2001.

Karcher, Günther: *Pneumatologie II.* Erzhausen 2007.

Maxwell, John C.: *Charakter und Charisma. Die 21 wichtigsten Qualitäten erfolgreicher Führungspersönlichkeiten.* Gießen 2005.

Mehrabian, Albert: *Inference of Attitude from Nonverbal Communication in Two Channels.* In: *The Journal of Counselling Psychology 31.* S. 248–252, 1967.

Moltmann, Jürgen: *Der Geist des Lebens. Eine ganzheitliche Pneumatologie.* Gütersloh 1991.

Roth, Ulli: Gnadenlehre. Paderborn 2013.

Rust, Heinrich Christian: *Prophetisch leben – prophetisch dienen. Die Entdeckung einer vergessenen Gabe.* Witten 2014.

Schnackenburg, Rudolf / Schweizer Eduard: *Evangelisch-katholischer Kommentar Zum Neuen Testament. Der Brief an die Epheser / Der Brief an die Kolosser.* Ostfildern 2013.

Schniewind, Julius: *Das biblische Wort von der Bekehrung.* Berlin 1971.

Schrage, Wolfgang: *Evangelisch-katholischer Kommentar Zum Neuen Testament. Der erste Brief an die Korinther.* Ostfildern 2015.

Schulz von Thun, Friedemann: *Miteinander reden 1: Störungen und Klärungen: Allgemeine Psychologie der Kommunikation.* Hamburg 2011.

Steer, Roger: *Georg Müller. Vertraut mit Gott.* Bielefeld 2009.

Turner, Max: *The Holy Spirit and spiritual gifts: in the New Testament church and today.* Peabody, Massachusetts 2009.

Ulonska, Reinhold: *Geistesgaben in Lehre und Praxis. Der Umgang mit den Charismen des Heiligen Geistes.* Erzhausen 2003.

Ulonska, Reinhold: *Gott hat gesetzt… Auftrag und Aufgabe der charismatischen Ämter.* Erzhausen 1995.

Vatter, Stefan: *Finden, fördern, freisetzen: Wirksam führen – die Wiederentdeckung des apostolischen Dienstes.* Schwarzenfeld 2016.

Westermann, Claus: *A Continental Commentary: Genesis 1–11.* Minneapolis 1994.

Wolff, Hans Walter: *Anthropologie des Alten Testaments.* Gütersloh 2010.

Über den Herausgeber

Das Forum Theologie & Gemeinde (FThG)

Das FThG ist eine Einrichtung des Bundes Freikirchlicher Pfingstgemeinden (BFP) und hat sich die Aufgabe gestellt, neutestamentlichen Gemeindebau entsprechend dem Lehrbefehl Christi durch die Herausgabe von Publikationen zu fördern. Die Redaktionsmitglieder verstehen sich als eine Arbeitsgruppe, die wie unsere Pfingstväter davon überzeugt ist, dass die Bibel Gottes Wort ist. Gottes Wort hat sowohl für unser Glaubensleben als auch für unser theologisches Arbeiten normative Funktion. Intellektuelle Redlichkeit, differenziertes Denken und theologisch solides Arbeiten stehen für uns in Beziehung zu pfingstlich-bibeltreuer Gemeindepraxis. Dieses drückt sich aus in unserem Motto „Theologisch kompetent – praktisch relevant", welches wir als zirkulären Prozess verstehen, der sich auf die Bibel stützt und die Erfahrungen sowie die eigene Geschichte miteinbezieht. Zudem scheuen wir uns nicht, im innerpfingstlichen Diskurs als auch nach außen theologisch gegensätzliche Positionen zu benennen und zu veranschaulichen. Dabei werden wir geleitet von dem Gedanken, sich gegenseitig stehen zu lassen und das Gute zu behalten.

Zurzeit werden zwei verschiedene Reihen herausgegeben:

- Die **„Materialien zum geistlichen Dienst"** – diese Reihe umfasst biblisch-theologisch fundierte Impulse (Theorie der Praxis) mit konkreten praktischen Hilfestellungen für den leitenden Mitarbeiter im geistlichen Dienst.
- Die **„Systematisch-theologischen Beiträge"** – hier wird in der Rückkopplung auf exegetische Erwägungen unser Grundlagenverständnis des christlichen Glaubens erarbeitet.

Die Beiträge zu diesen Reihen kommen in der Regel von Autoren aus dem BFP oder aus Einrichtungen, die dem BFP nahestehen. Diese können durchaus unterschiedliche Ansätze bzw. Details vertreten, die nicht mit der theologischen Auffassung der Redaktion übereinstimmen. Vielmehr ist es uns wichtig, die Autoren miteinander „ins Gespräch zu bringen".

Günstige Abo- und Subskriptionsmöglichkeiten

Alle Bände können auch subskribiert, d. h. vorbestellt werden (eine Abbestellung ist jederzeit möglich). Der Preisnachlass beträgt in diesem Fall 10 %. Pro Jahr erscheinen ein bis zwei Bände, die automatisch zugeschickt werden. Für Bibelschüler bzw. Studenten gibt es Sonderkonditionen – ebenso für Büchertische und Buchhandlungen.

Bisher herausgegeben:

Materialien zum geistlichen Dienst

Berufen zu vollmächtigem Dienst 1 – Beiträge zu Vollmacht und Autorität (1995) [vergriffen]

Berufen zu vollmächtigem Dienst 2 – Beiträge zum freikirchl.-pfingstl. Amtsverständnis (1995) [vergriffen]

Der Heilige Geist 1: Grundlegung und Wirkung … (1995) [vergriffen]

Älteste, Diakone und Diakonie (Sonderband) (1996) [vergriffen]

Beiträge zur Christologie (1998) [vergriffen]

Das Wort der Erlösung – Beiträge zur Soteriologie (1998) [vergriffen]

Der Heilige Geist 2: Die Charismata (1999)

Volkskirche – Freikirche (Gemeinde) – Beiträge zur freikirchl.-pfingstl. Ekklesiologie (1999)

Der Geist Gottes schafft Bewegung – Beiträge zur Pfingstbewegung und ihrer Geschichte (2001)

Stellungnahmen zum „Dienst der Frau" (2004) [vergriffen]

Beiträge zur Seelsorge 1: Materialband „Seelsorge" (2004)

Beiträge zur Seelsorge 2: Homosexualität (2005) [vergriffen]

Handbuch Seelsorge (2005 – 3. Aufl. 2019)

Gotteswort und Menschenwort – Beiträge zur biblischen Theologie (2006) [vergriffen]

Gemeinde in der Postmoderne: Herausforderung und Chance (2007)

Das Abendmahl (2007) [vergriffen]

Geld regiert die Welt – Christsein im Spannungsfeld zw. Reichtum u. Armut (2008) [vergriffen]

Generationenübergreifender Gemeindebau (2009)

Von Ewigkeit erwählt – Die Lehre von der Gnadenwahl … (2010) [vergriffen]

Denn es ging Kraft von Ihm aus! – Beiträge zur Heilung (2010) [vergriffen]

Geistesgaben in Lehre und Praxis – Der Umgang mit den Charismen des Heiligen Geistes (2011 – 7. Aufl. 2017)

Für den besonderen Anlass – Kasualien in der Freikirche (2011 – 4. Aufl. 2019)

In allen Städten und Dörfern – Beiträge zu Motivation, Zielrichtung u. Wesen von Gemeindegründung (2012)

Das Evangelium den Armen – Die Pfingstbewegung im Spannungsfeld … (2013)

„Stimmt's noch?" – Wie mein Dienst wieder Schärfe gewinnt (2014)

Der Gott, der uns nicht passt – Beiträge zum Verständnis des AT (2015)

Exponential: Ermutigung für eine Kirche, die wird, was sie ist (2016)

Ende gut – alles gut!? – Beiträge zur Eschatologie aus pfingstlicher Sicht (Teilband 1 – 2016)

Exponential: Das Coaching-Handbuch (2016)

Neutestamentliche Exegese: Ein Leitfaden für Studierende und Praktiker (2018)

Hero Maker: Fünf grundlegende Prinzipien, wie Leiter andere zu wahrer Größe führen können (2018)

Das BIG-IDEA-Prinzip: Den Dienstbereichen in der Kirche eine gemeinsame Ausrichtung geben (2019)

Entfachende Gnade: Leben und dienen in der Kraft Gottes (2019)

Systematisch-theologische Beiträge

Die Macht der Menschenbilder – Beiträge zu einer theol. Anthropologie (2012)

Leitungsdienst in der Gemeinde – Biblisch-Theologische Reflexionen zu Amt, Charakter und Charisma (2014)

Die „Christliche Identität" formen, bewahren – und sprachfähig machen: Einführung in die Sys. Theologie (2016)

Forum Theologie & Gemeinde – Bundeswerk des BFP KdöR
Fax: 06150 9737–97 • E-Mail: fthg@bfp.de • Internet: www.forum-thg.de